○ 李艳 著

行思教学在路上

江苏大学出版社
JIANGSU UNIVERSITY PRESS

镇江

图书在版编目(CIP)数据

行思教学在路上 / 李艳著. — 镇江：江苏大学出
版社，2020.12
ISBN 978-7-5684-1454-8

Ⅰ．①行… Ⅱ．①李… Ⅲ．①中学物理课—教学研究
—文集 Ⅳ．①G633.72—53

中国版本图书馆 CIP 数据核字（2020）第 205111 号

行思教学在路上
Xing Si Jiaoxue Zai Lushang

著　　者/李　艳
责任编辑/徐　婷
出版发行/江苏大学出版社
地　　址/江苏省镇江市梦溪园巷 30 号(邮编：212003)
电　　话/0511-84446464(传真)
网　　址/http://press.ujs.edu.cn
排　　版/镇江市江东印刷有限责任公司
印　　刷/镇江文苑制版印刷有限责任公司
开　　本/787 mm×960 mm　1/16
印　　张/15.25
字　　数/246 千字
版　　次/2020 年 12 月第 1 版　2020 年 12 月第 1 次印刷
书　　号/ISBN 978-7-5684-1454-8
定　　价/48.00 元

如有印装质量问题请与本社营销部联系(电话：0511-84440882)

前　言

做自己尊重的人

我一直想写写自己，写写自己的经历、自己的工作感悟，写写自己在生活中的所思所想、所听所得。

在别人的眼里，我是一个幸运的人，我自己也是这么认为的。回首自己走过的路，所取得的关注、信任，除了感激还是感激。基于此，我很想和大家分享我的职业成长之路。

说到"做自己尊重的人"这个题目，我记得北京大学生命科学学院的教授饶毅在给2015届毕业生的致辞中，曾经有这样一段话：

在祝福裹着告诫呼啸而来的毕业季，请原谅我不敢祝愿每一位毕业生都成功、都幸福，因为历史不幸地记载着有人成功的代价是丧失良知，幸福的代价是损害他人。从物理学角度来说，无机的原子逆热力学第二定律出现生物是奇迹；从生物学角度来说，按进化规律产生遗传信息指导组装人类是奇迹。超越化学反应结果的每一位毕业生都是值得珍惜的奇迹；超越动物欲望总和的每一位毕业生都应做自己尊重的人。

过去、现在、将来，能够完全知道个人行为和思想的只有自己；世界很多文化借助宗教信仰来指导人们生活的信念和世俗行为，而对无神论者——也就是中国大多数人来说，自我尊重才是重要的正道。

在你们加入社会后看到各种离奇的现象，知道自己更多的弱点和缺陷，可能还会遇到大灾小难，如何在诱惑和艰难中保持人性的尊严、赢得自己的尊重并非易事，但却很值得。这不是自恋、自大、自负、自夸、自欺、自闭、自缚、自怜；而是自信、自豪、自量、自知、自省、自赎、自勉、自强。

自尊支撑着自由的精神、自主的工作、自在的生活。

祝愿：退休之日，你觉得职业中的自己值得尊重；迟暮之年，你感到生活中的自己值得尊重。

我们从事教师职业，在工作中和生活中更要做到自我尊重。这就是我用这个作为前言的原因。

李艳

目　录

第一篇　教育教学随笔

1. 我的教学之路 ………………………………………… 003
2. 感动常在 …………………………………………………… 005
3. 做一个热爱生活的人 …………………………………… 007
4. 我的教学小故事 ………………………………………… 009
5. 师爱要讲艺术 …………………………………………… 012
6. 九年级班主任的幸福和快乐 …………………………… 015
7. 观《康熙王朝》之周培公有感 ………………………… 019
8. 规则决定行为 …………………………………………… 020
9. 慎独是一种高级的自律 ………………………………… 022
10. 做一个让人舒服的人 …………………………………… 024
11. 安排和落实 ……………………………………………… 026
12. 寻找做教师的幸福 ……………………………………… 027
13. 我们该用什么样的心态面对学生的不良行为 ………… 029
14. 给每一株野草开花的时间 ……………………………… 030
15. 让师爱温暖学生的心田 ………………………………… 033
16. 生命的教育就是爱的教育 ……………………………… 035
17. 批评，不妨换种方式 …………………………………… 037
18. 为师之乐 ………………………………………………… 039

第二篇　物理教学观

19. 我的物理教学观 ………………………………………… 043
20. 我的教学片断——行成于思 …………………………… 044
21. 换个思维给自己 ………………………………………… 045
22. 小组合作学习的感悟 …………………………………… 047
23. 再谈小组合作学习——如何有效地建设小组 ………… 049

24. 战"疫"下的网络教学——对线上教学的体验与思考 ·········· 051

25. 差异就是资源——赴澳大利亚研修报告 ·········· 054

26. 人生旅程上的思想洗礼——我的喀什送教之行 ·········· 061

第三篇　物理教学技艺

27. 物理实验教学策略研究 ·········· 069

28. 核心素养下，初中物理实验教学的研究 ·········· 072

29. 走进新课堂，感悟新境界 ·········· 075

30. "因材施教，分层教学"在物理教学中的应用 ·········· 078

31. 巧记规律妙解题 ·········· 081

32. 殊途同归，各有千秋——一道光学作图题的几种解法 ·········· 084

33. 规律一出现，解题一大片 ·········· 086

34. 两道设计型创新实验题的解析 ·········· 089

35. 生活经验可靠吗 ·········· 091

36. 天空的颜色之谜 ·········· 093

37. 通过眼镜了解眼睛 ·········· 095

38. 学熔化凝固，解生活疑惑 ·········· 097

39. 一题多解，开阔思维 ·········· 098

40. 走进厨房学物态变化 ·········· 101

41. 初中物理课堂提问的艺术 ·········· 103

第四篇　教研成长

42. 引领 LICC 课堂观察观评课记录实施范例 ·········· 107

43. 观课报告：电功率的复习课 ·········· 119

44. 观课报告：串联和并联 ·········· 122

45. 教学反思：探究串、并联电路中电流规律 ·········· 125

46. 让课堂观察走得更远 ·········· 127

47. 教研纪实：物体浮沉条件及应用——从"研教"到"研学"，以"教研"促"教学" ·········· 129

48. 教研纪实："浮力"单元复习——在研讨中成长 ·········· 133

49. 教研纪实：功率——教研促教师成长 ·········· 139

50. 教师成长的支点 ·· 142

第五篇 教学设计

51. 教学设计：密度（第 6 章第 2 节） ················· 147

52. 教学设计：力（第 7 章第 1 节） ···················· 154

53. 教学设计：电流和电路（第 15 章第 2 节） ········ 160

54. 教学设计：摩擦力（第 8 章第 3 节） ··············· 168

55. 教学设计：浮力（第 10 章第 1 节） ················· 176

56. 教学设计：比热容（第 13 章第 3 节） ·············· 185

57. 单元复习课设计：压强（第 9 章） ·················· 192

58. 单元复习课设计：电流和电路（第 15 章） ········ 205

参考文献 ··· 222

附录　LICC 课堂观察工具量表设计 ·················· 223

第一篇

教育教学随笔

　　人的成长是一辈子的事。一辈子学做老师，就是着力于自己的精神成长，和学生一起发展。教育从来都不是一个结果，而是一个生命展开的过程，它永远面向未来，不会结束。

　　什么叫教课？教课就是全身心投入，用生命在歌唱。只有感动自己，才能感动学生。课不是上在课堂上，教在黑板上，而是要教到学生身上，教到学生心中。

——选自于漪老师语录

1. 我的教学之路

一、成功只需要一件事

我出身于教师之家，我的父亲是一名很严厉的小学数学老师，他对我的严厉可以和古代私塾的先生相媲美。小时候我很恨他，可现在回忆起来，却有很多地方要感激他。比如，他带着我上数学课时，喜欢让很多学生上黑板板书，而我则要在别人板书后用红色粉笔在黑板上讲解，错误的要修订。学生到黑板板书，体验做题和演算的过程，现在想来也不是落伍的教法，而我从小因为给别人讲解、纠错，也锻炼了自己思考问题的方法及不断反思的能力；还有因害怕被体罚而衍生出的叛逆思想：等我长大了当老师，一定不要做他那种老师，要民主地对待学生，要尊重他们，我一定要做得比他好。也许是小时候的信念引领，我一直喜欢当老师，而且在当老师的过程中，我也一直努力践行曾经立下的承诺——做一名学生认为的好老师。

我一直在想，有没有一种力量，可以支撑自己的为师之路而全力以赴，后来看过一段演讲视频："成功只需要一件事，那就是发自内心的热爱。"之后我特别有感悟，因为热爱教师这个职业，所以我会为教学翻阅很多资料，会为找实验仪器走街串巷，会尽力参与任何层次的授课活动，我想传递的信息是，我和他们一起在努力，一起在成长。因为喜欢当老师，所以创造和学生沟通的时机，比如在学校和他们一起就餐、和他们一起值日、放学后找个理由留他们一会儿。因为热爱，所以我常常挖空心思地观察学生，了解他们的心理动向，给他们写信，排解他们的烦心事，因他们的进步写寄语卡、因他们的生日写祝福卡。因为热爱，当学生将要进行地理、生物的学业考试时，我会找任课教师划重点、整理题型，用一种轻松的提问方式，和学生们一起研究地理、生物的题型和考点。因为热爱，体育加试时，我会陪他们上体育课，陪他们训练，陪他们跑，陪他们跳，帮他们计时，我需要他们知道的是，无论面对什么，老师都和他们一样重视，一起面对。我经常用相机或手机记录学生参与的活动，成功了，我会和他们一起狂笑；受挫了，我也会和他们一起流泪，一起发泄，然后一起重新振作。所有的这些，很多老师都在做，甚至做得比我好得多。为什么老师能够做到这些，因为那是发自内心对教育教学工作的热爱。

二、把成为一名好老师作为事业去做

把教师职业作为事业，而不仅仅是一种职业。老师作为个体都是普通人，我一直把做一名好老师作为自己今生的一项事业。在教学中对某个难点的教学，我努力寻找到教学方法；对某个物理量的探究，我能想出更加科学的探究方法；今年的课我能比往年讲授出更多新的认识；我的学生考试考好了，或者我的班级活动取得了好的成绩，诸如此类，我都会觉得是自己有了小小的成功。

近期，我在枣庄四十一中北校区工作，看到那么多留守孩子的守望，我觉得把他们培养成为有益于社会的人，是自己的一份社会责任，是成功地把教师职业作为了事业。

2. 感动常在

作为老师，要学会为别人的成功而喝彩，要学会与别人共同创造成功。外面的世界很精彩，别人的世界很精彩，要学会用欣赏的眼光和视角去领略这个世界，去分享这个世界的人们所创造的一切。合作才有真正的分享，有合作才有更大的创造。

在教育者所学的篇章中努力讲述课改的故事，说他们的话，让他们说话。我们从不讳言自己的立场和态度，毫不掩饰对固守陈规者的愤怒和叹息，毫不掩饰对课改"破冰者""实践者"和"助推者"的热爱和欣喜。我们坚持理性的、冷静的思考，客观公正地记录"新课改"里发生的一切。

一起见证改革的艰辛，体验成功的喜悦，品味掌声背后的辛劳……

这是我在《中国教师》看到的一个编者写在报刊前的文字，这段文字让我想到了自己在学校课堂教学改革中的故事片断。

上个学期，我在全校推广 LICC 课堂观课模式①，很累，因为大家在经历了推动的初期后，有了自己的想法和各自的感悟，也开始提出了各自的困惑。我突然觉得自己的力量太单薄，不能给各位老师指点迷津，觉得很无助。我知道这不是我们的老师出现了问题，而是我们的观课量表出现了问题，我们不能用一套量表来通盘考查或指导所有的学科，这是不符合教学规律的，而我个人的能力是有限的，那个时候的我很迷茫。在一次理化生的 LICC 观评课大教研上，我身为一名普通的物理老师，作为理化生组的一员，在最后的评价中，说出了我的迷茫，也诉说了我的难过，还流了泪，我请求大家原谅我的不足，以 A 老师为首的生物组，以 B 老师为首的化学组，他们都安慰了我，让我非常感动。我清晰地记得 C 老师当时说的话："我们坚决接受 LICC 观课模式，尽自己的力量让本学科的观课更有意义！"理化生组用他们的话语感染着我，我的泪流得更起劲了，不是难过，而是感动，有这么多兄弟姐妹的接纳、

---

① LICC 课堂观课模式是由学生学习（Learning）、教师教学（Instruction）、课堂性质（Curriculum）与课堂文化（Culture）四个维度构成的课堂观察的新范式。

理解和支持，还有什么理由逃避，有什么理由不前行呢？所以我想告诉大家，任何一项教学改革，都有它改革的理由，一定要先接纳它，试着去理解它，再努力把它做得更好。

3. 做一个热爱生活的人

人一旦离开校园，进入社会，必然就会情愿或不情愿地进入各种各样喜欢或不喜欢的行业。以什么样的态度面对你所从事的工作，直接影响你的心态，影响你的生活质量。很多时候，你的工作就是你生活的绝大部分，甚至是全部。所以，对工作的态度就是你对生活的态度，这话一点也不为过。

我们做老师的，有些人是真的喜欢做老师，把教师职业当作一生追求的事业来做；也有些人开始并不注重工作是什么，被选择做了老师后，干一行爱一行，想做一些有意义的事，最后也会把教育当事业来做。这些人最终工作得愉快，生活得幸福，是职业成就感成就了生活的幸福感。像申洁老师、黄恕伯老先生等。他们都源于普通教师，不知道初入职时对做教师抱何种心态，那个时代是分配制，好在分配时专业对口，所以开始工作不会多么痛苦，甚至会有一些兴奋。现在看到他们或平淡或愉悦地继续做着喜爱的工作，显然已经达到了一种超然的境界，我们都会被感染着、激励着。可以想象，这是他们几十年如一日的积累和修炼才会有的境界。他们精湛的技能、专业的水平、饱满的精神激荡着我们，这背后其实是他们的敬业态度和职业操守。他们敬重教师这一职业，尊重物理这一学科，喜爱而又痴迷，在物理教育教学这条路上想不成功都不行！他们把工作当作事业，成功了，充实了他们的生活！丰满了他们的人生！我在想，有一天他们都干不动了，当回忆起自己的一生，他们会是无憾的、满足的。他们热爱生活，热爱工作，在成就工作的同时充实了自己的生活，在愉悦自己的同时，又有功于社会。

但做老师更普遍的心态是，我凭良心教书，如果你说我是把教书当成混饭吃的行当，你确实冤枉了我，我也兢兢业业；要我把教书当事业来做，你又高估了我，我就愿意做一名普普通通的老师，我不想成为一名名师。这个群体可能会向两个方向变化，一是变为与世无争的人，二是变为怨天怨地怨社会、终日牢骚满腹、生活在自己营造的怨愤而又无奈的氛围中的人。前一种人也活出了一种境界；后一种人则是不幸的，更不幸的是，自己很清晰地感知这种不幸却又把这种不幸传递给自己的学生，这是最大的不幸。

你和工作的关系，如同你的婚姻。无论当初是一见钟情、两情相悦还是媒妁相牵，进入婚姻殿堂之后的岁月里，最初的激情都会潜化为亲情，要做到执子之手白头偕老，就要在亲情中植入爱情、升华爱情。你和你的工作不也是这样的吗？

前世无忆，后世无望，唯有今世可感可知。天地之气、之灵聚而为你，是何等的造化，只有每天使自己愉悦，才不枉此生。热爱工作，其实就是热爱生活，像黄恕伯先生一样，做一个热爱生活的人。

4. 我的教学小故事

在每个教师的教学生涯中，都会有无数个教学小故事，每个故事都让人回味无穷。让我讲讲自己教学中的几个小故事，希望它能带给你快乐。

一、机会给学生，也给自己

某一天中午，因为学校有事，我没有回家，中午我早早地来到教室。咦！有几个同学没回家。刚到教室门口，只听小鹏（化名）说："这几天，老师不知为什么，对我们男生不如以前好了，以前我们活动课去打球，她场场必到，给我们助威。我们考砸了，她肯定要把我们抓到办公室好好上政治课，每次上完政治课，我都浑身充满力量。可这次，我成绩跌得这么惨，她怎么没找我，太难受了！"小奔（化名）说："同感。"我没有进教室，偷偷溜回办公室，这帮小家伙是学校里出了名的难缠。前段时间，我的攻心术还不错，已卓有成效；最近，我正在实施第二招——还心术。听到今天他们的议论，我想，还要加上一点插曲，让他们的心回到课堂，于是我分别给他们写了一封信，委婉而又中肯地提了几条建议和期望。通过几个回合，这几位同学在与我斗智斗勇的过程中，已逐渐成长起来，成熟起来。

二、让每个学生都有成就感和被关注感

在教学管理的过程中，要非常关注每个学生的点滴进步，定期撰写赞赏卡，并非常郑重地把卡上的话读给这位学生听，尔后再递给他（或她）。

2007年，我当时正担任九年级毕业班的物理教师，阴差阳错地又担任了2007级七年级10班的班主任，当时七年级没有物理课，怎么办？如何掌握班情、学情？于是交流本成了我和他们沟通的园地，他们把自己的想法、看法、委屈以及班级的情况写在交流本上，我通过交流本就可以走进学生的心里。赞赏卡是我送给学生的"精神红包"，里面装的是我的关注、我的赏识、我的鼓励、我的提醒、我的期望。我就是想告诉我的学生，他们是备受关注的，他们的表现能够得到充分认可，这样学生就一定能满怀感激之心开展自己的学习和校园生活，进而从中受益。

三、因为热爱，所以持守

"我的精彩只是一个平面，只有和千百个同学们的精彩拼合在一起，才会发出钻石般的光芒，那才是真的精彩，我的生命因学生而精彩。我把每个学生都看成一个新的世界，我爱他们，细心探索他们丰富而脆弱的内心，欣喜地发现他们每个人身上哪怕是稍纵即逝的闪光点。"——这就是我的工作格言。

我带的学生中有一个叫小磊（化名）的同学，他是一个体育生，学习成绩差，也不遵守纪律，是各科老师都头疼的学生。我接班以后，通过各种渠道了解到小磊的家庭条件很差，母亲是个临时工，父亲下岗且身体不好，还有一个弟弟，全家就靠他母亲一个人支撑，为了既不伤害他的自尊，又能从多方面帮助他，我想出各种各样的方法，比如故意留他帮助处理班级事务而请他美美地吃一顿，或者将故意买好的学习资料说成是自己以前的书而送给他；把他当成是自己的左膀右臂，很多事都找他商议。后来，他不仅成绩飞速进步，还成了一名优秀的班干部。

还有一个学生叫小虎（化名），他是一个非常聪明的学生，可是他的聪明劲没有用在学习上，而是天天逃课上网。我接班以后，了解到这一情况，就任命他做班里"解惑部"（班级里的学习小组）的部长，他由上网玩游戏到上网查资料解答疑惑，由逃课上网到利用课余时间上网，他在班里的威信越来越高，成绩明显提高。大学毕业后，他应聘到一家电脑公司，工作得非常出色。他后来回忆说："没有李老师，哪有我小虎的今天？"

每一个孩子都是一块未经雕琢的璞玉，是将他们刻成一块价值连城的艺术品，还是变为一堆无用的碎石，关键在于我们的观察是否敏锐，技艺是否精湛，热情是否饱满。教育是爱的艺术，没有爱就没有真正的教育。那些所谓的差生，往往比其他学生更需要爱的雨露、阳光去滋养、去浇灌他们干涸的心田，唤起他们心头的希望。

教师要秉持真诚和信赖、慧心与创意，使学生快乐学习，健康成长，追求卓越，这就是我的课改目标。

四、物理教学的生命力在于创新

我是一名物理教师，在我的物理课上会引入大量生活素材，激发学生兴趣，充实课堂内容，培养学生应用物理知识解决实际问题的能力，让物理教学与时俱进。

平日，我电视剧看得不多，可是像"世界地理""地球故事""科学与发现""探索"等电视节目，我却从不落下。学生喜欢的金庸小说、琼瑶故事、环球银幕、大众软件等书刊，我也时常浏览。我还积极利用网络了解世界各地的科技成果、时事动态，丰富自己的知识，扩大信息积累，最终这些都成了丰富课堂教学的素材。

有一句名言："相信每个学生都有创造力，关键在于我们是否善于发现。"我坚信，积极鼓励可以点燃学生头脑中的创新火花，消极否定将会扼杀学生的创造热情和创造才华。因此，面对学生提出的各种发明思路，我总是予以积极鼓励，从不对学生说"不"。我坚信"没有教不好的学生，只有不懂教学艺术的老师"。

我的课不仅信息量大，而且趣味盎然。一方面，我经常在课堂内外给学生们做一些与物理有关的实验；另一方面，我的另一大教学法宝是善于使用无声语言——师生间在课上的互动交流能够通过肢体语言进行。我认为只有将学科知识"心理学化"，课程进度照顾到每名学生的理解力，才能焕发课堂教学的生命活力。课上，我能根据学生神情的变化适时实施教学监控，鼓励一脸茫然的学生大胆阐明自己的困惑。渐渐地，班上腼腆的孩子都克服了羞涩，都敢在课堂上畅所欲言了。

五、爱是相互的

有一年，因为我要生小宝宝，这一届学生的九年级我不能继续跟上了。在学期末最后的班会课上，我跟我的学生告别，期望他们在初中生活的最后一年，好好把握自己。临别时，他们拦住我，班长非常郑重地送给我一个大的记录本，全体同学都站起来了，班长告诉我："老师，我们给你说的话，全在里面了，你别忘了我们！"我惊愕了，这段时间，我一直和他们朝夕相处，怎么一点也没发觉。我真的说不出话，"谢谢你们，我的好学生！"

爱和幸福是并存的，这种无私的执着的爱会让你的教学之路变得幸福，沿着爱的道路走下去，一路上我们会收获很多幸福。

做一名老师，做一名可以真正把爱倾注给孩子们的老师，你会收获世间最美的一份幸福！

5. 师爱要讲艺术

作为一位老班主任，一直以来，我都全力地爱我的每一位学生。可近几年，我却感觉，仅仅有爱是不够的，师爱也要讲艺术。

一、师爱需要表达

有了对学生的爱，还需要我们正确表达这种爱。要让学生知道，我们爱他们，欣赏他们的个性、学习、劳动、与人相处等方面的优点。

我担任七年级的班主任时，我好朋友的儿子小鑫（化名）在我任教的班里。因为我是看着他长大的，所以对他有一种特殊的感情。可是有一次，我看到他在交流本中写道："我总觉得老师不偏爱我，你看她对文杰、子坪（我同事的孩子）多好，老师只有在干活的时候，才会想起我。"当时我看完后，很震惊，总觉得和这个孩子很亲近，所以很随便，没想到却在不知不觉中忽略了他的感受，伤害了他。于是我很用心地给他写了赞赏卡，表达了我对他的感激和认可。我对他说："你是我的左膀右臂，在班级工作中，我总会第一个想到你，因为只有你才能让我放心地把班级事务托付，也许因为你妈妈和我是好朋友，我总把你当成自己的孩子一样要求，虽然有时苛刻，但绝对发自内心，加油！"

从这件小事上，我感觉到，在和学生的相处中，不能一厢情愿地觉得自己的所作所为是对学生好，而忽略了学生的感受，要把对学生的关注、赏识、鼓励、期待及时地表达出来，走进学生的心里，这样我们的爱才能被学生接受，才能让学生感动。有了感动才会有行动，学生接受了这种表达关注和赏识的方式，他们将这样的方式运用到同伴之间和师生之间，关系会越来越融洽；运用到学生自己身上，会使很多学生在教师的激励和关心下一点一点地进步。

二、表达师爱要以人为本

有了爱且表达了爱也还是不够的。杨福家院士曾说过："师爱是一种以人为本的爱心。所以，我们应该注意，学生究竟需要怎样的爱，爱的表达方式也应该是学生乐于接受的。"

我担任八年级班主任的时候换了一位优秀的语文老师，我非常高兴地向学生介绍了这位老师的出色之处。刚开始学生激情满满，学习劲头很足，可慢慢地，我发现学生对这位老师表现出不满和倦怠。怎么回事呢？我和语文老师谈起，她也有同感。于是，有一天我利用班会时间召开了班干部会议。班长说："我们的语文老师，太肉麻了。课堂上她叫我们回答问题，都是李明明，张乐乐，徐士林林，弄得全班同学下课后都这么叫，好没面子。"听班长一说，其他同学也有了共鸣，"语文老师还经常摸我们的头，因为这个，有一次，我们班的帅哥小虎还和老师起过冲突呢！"听他们一说，我顿时明白了，原来不是我们的老师不够爱他们，而是这帮青春期的孩子，正处于自尊心极其敏感的时期，他们内心深处期望老师把他们当成"大人"一样去尊重。

我又一次感到：我们当老师的，也应该站在孩子的角度看问题，找到孩子们能接受的表达方式。当师生关系出现紧张的时候，我们需要反思，是我们对孩子的爱不够，还是我们有对孩子的爱，只是在心里没有表达出来；又或者是我们表达爱的方式错了。师爱也要讲艺术。

三、表达师爱要讲究科学策略

有一段时间未完成作业的名单中不断出现 A 的名字。怎么了？在我的印象中，他是聪明好学、团结同学、勤奋认真的优秀学生，怎么会出现没完成家庭作业的情况呢？我想是不是统计有误，结果……真的没做。

当时我没说什么，下课后 A 学生主动找到我，眼神有点迷茫。我问他怎么了，他眼泪汪汪地看着我不语。我说："宝贝，怎么了？有事啊？"他低声地说："老师，我不想做作业。"我说："好啊！咱不写！"他吃惊地看着我……"怎么了？"我又问道。他怯怯地说："老师，我不做作业，您不生气啊？""生气啊！""那您怎么不批评我啊？"我说："你做不做作业跟我生不生气有关系吗？我生气，你就会认真主动做作业了吗？生不生气是我的事，做不做作业是你的事，成绩好不好是谁的事啊？"说到这里的时候，他好像心情放轻松了些，微笑着看着我说："老师，其实很多题目我都会做。"我说："我知道啊！"他高兴地说："老师，我浮力计算做得不好，我今后要多做训练，保证考好。"太棒啦！然后我们还一起做了几道浮力计算题。后来，在课堂上遇到有难度的题他都主动请缨，来给同学讲解，很受学生的欢迎。他的这一行为激励了其他同学，现在课堂上积极发言的学生越来越多，学习物理的劲头越来越高涨。

我体会到：教师要做到善于观察，勤于思考，注意发现学生身上闪光的品质，心中隐秘的活动，脸上流露的神情，生活出现的异常行为。这一切即使刚刚露出端倪，不会引起常人的注意，也应成为教师捕捉的对象。或是因势利导，或是防微杜渐，并用自己创造性的劳动来影响教育的进程，规范学生的行为。师爱也要讲艺术。

6. 九年级班主任的幸福和快乐

一个优秀的班主任，会以高尚的人格、创新的能力、无私的精神，全身心地投入班集体的建设和促进学生全面发展的活动中，发挥着无可替代的作用，真正体现了教育者在培养人、教育人、塑造人中的价值。班主任是班级的组织者、领导者和教育者，是学校实施教育教学计划的中坚和骨干，是协调各种教育力量的纽带，是沟通学校与家庭、社会的桥梁，是学生健康成长、全面发展的指导者、促进者。

做了几年班主任，也听了很多优秀班主任的演讲发言，倾听他们对自己工作的热爱和全力以赴，我由衷地佩服。曾听过不少班主任诉说做班主任的幸福和快乐，也许我的境界还没有达到享受做班主任的幸福和快乐的程度，我始终认为，做班主任是辛苦的，而回忆是幸福和快乐的，在我做班主任的历程里，痛苦过、难过过、迷茫过、想放弃过……担任班主任的老师也大多都是说现在的班主任难干、烦琐，很少听说做班主任很快乐。所以，在老师们的脑子里，班主任工作就是两个字——"苦"和"累"。的确，学校的每一项工作或每一次活动，都要靠班主任老师协助推动和开展，大到大型的教学活动，小到学生的一言一行，都直接与班主任工作联系在一起。平日里，纪律管理、卫生检查、班级比赛、学生请假等，可以说班主任工作琐碎而繁杂，好像与"快乐"无缘，也联系不到一起。

这两年做年级主任，处在观望其他班主任和对比检讨自己的角度，我对班主任工作的认识又有了不同于以前的体会。

一、因为有您陪伴，所以心里踏实，做您的学生很快乐

做班主任辛苦，做毕业班的班主任更辛苦。九年级的班主任早晨7：00左右就已经在教室里，迎接每一位学生的到来。学生看到我就会很快进入状态，该值日的值日，该读书的读书，偷懒的心思会因为看到我而放弃。听学生背地里叫我们"老黄""老杨""老李"等这些对老人家的尊称或戏称，其实打心底我们感到开心，因为我们知道，不管学生给我们起什么外号，他们都没有恶意，那只是一种亲切的表达方式。

每一次单元检测，不管考得好或坏，最想从班主任那里得到的就是鼓励或鞭策，最期待的就是从班主任那里得到安慰。九年级是单元检测最多的年级，所以每一次单元检测前后，我们班主任都会抓住各个时间段忙着和学生交流谈心，跟学生谈心占据了我们学科教学以外的很多时间，比如早自习前、中午时间、下午放学后等。作为毕业班的班主任，要时刻观望学生的一举一动，生怕他们因为自己的疏忽而影响学业。我们的心一直绷得紧紧的，很辛苦，可是我们的学生因为有我们的陪伴，心里感到踏实。因为有我们的陪伴，所以做我们的学生很快乐；因为学生快乐，所以我们快乐。一个自身感觉快乐的教师，那么她的学生也一定是更快乐的。

二、因为有和自己并肩作战的战友，所以我们快乐

我们有缘在一起搭班，分享共同的苦乐酸甜，在这些分享和分担的过程中建立了深厚的友谊，这难道不让我们感到快乐吗？我就是在观望他们的同时被感动着，同时也分享着他们的快乐。

911班班主任杨老师父亲生病，他的搭档李老师没有学校的其他安排，直接负担起该班班主任的责任，早来晚走，做学生工作；老郭和周老师组合，两个班级联合起来，分层次召开家长会；老卜和李老师两位男班主任组合，为了更好地做好班级工作，把语文冯老师（女）聘为两个班的心理顾问（班主任助理）。这样的事还有很多，其实这些老师在做这些事的时候，他们可能觉得是再平常不过的事了，没想过要感动谁。譬如单元检测，某某老师因为自己教的学科没考好，自责和难过的表情让我感动；运动会上，因为自己带的学生取得了好成绩而激动欢呼的情景让我感动；跑操比赛时，任课老师从楼上向下观望，跟学生一样紧张的眼神让我感动。想想这些和我们并肩作战的战友，想想我们在分享和分担的过程中建立的深厚友谊，我们感到很快乐。

三、因为能和学生在一起，感觉自己年轻，所以快乐

我记得在文化路小学听过一位50多岁的优秀班主任老师的汇报，她当时首先提问我们："猜猜我的年龄？"我们还动真格地猜，可她告诉我们，"我今年18岁了，因为我的学生18岁，所以我也18岁。"全场响起了激烈的掌声。想想我们，难道不是吗？

我还记得913班的学生在郑大海老师的生日那天，瞒着郑老师为他筹备生日会，在生日会上，这个硬汉男老师生生掉下了感动的眼泪……

还有一次合唱比赛，作为老班主任的黄玉乾老师亲自登台，领唱《弹起我心爱的土琵琶》，全场轰动，起立为他喝彩。

和学生们在一起，我们永远有一颗年轻的心，所以我们很快乐。

四、因为想着学生的美好未来，能够全力以赴，所以快乐

不求飞黄腾达，不求一夜成名，只求日有所进，在精神的世界里不断辛勤耕耘，把自己的饭碗当成职业，把自己的职业做成事业。有人说，敬业是一种美德，乐业是一种幸福，创业是一种境界。我们能够守住自己的精神家园，能够从事自己喜欢的事业，能够教化一批孩子，想着学生的美好未来，我们有什么不快乐的呢？

还有，我们每天面对的是不同的学生，不同的教育内容，不同的教育情境，需要我们用知识和智慧变着花样"玩儿"的时候，我们还有什么不快乐的呢？

五、因为从学生身上收获了真情，所以快乐

孩子的世界最真诚最纯洁，我们每天的付出，在促进学生学习、行为、道德进步的同时，也收获了真心真情，甚至还可能收获来自家长的友谊。魏书生老师曾说，这是"双倍的收获"，在我看来，也许应该算是"三倍"的收获。我们生活的这个世界越是被物质所左右，这种真心真情就越是难能可贵。有谁比班主任更有资格收获这份真心真情呢？无论多么淘气的孩子，他终归是要长大的，他对这个世界的态度，他待人接物的方式，在很大程度上，都是受了我们的感染和影响。对于毕业班的班主任，当学生毕业后对我们的工作认可时，我们就会把这三年的辛苦都抛之脑后，留下的是满满的开心和幸福。

如果付出的是真情，收获的也会是真情。

因为快乐，所以收获。

因为懂得，所以幸福。

因为用心，所以有效。

因为坚持，所以改变。

有人说："在班主任的世界里，学生是最大的事；在班主任的字典里，学生是最大的字；在班主任的生活里，学生是最美的诗。"我们深知：教育工作面对的是具体鲜活的对象，没有现成的"万能公式"可用，唯有脚踏实地地做教育的"有心人"，唯有诚心诚意地拿出爱心爱孩子，才会从中悟出教育的真谛！

上个学期，我一直用这样的一句话来激励自己：只要改变自我的心态，调节好自己的情绪，用容易感动的心去收获快乐，相信快乐便会如影随形。

7. 观《康熙王朝》之周培公有感

观看电视剧《康熙王朝》，再一次激起了对周培公这个人物的敬重、敬佩和伤感。周培公是康熙求贤若渴时求来的一位旷世之才，他是一位谏臣、直臣、忠臣，每每在遇到国事的争议上，他从不献媚，不管康熙皇帝能否接纳，总会说出自己的想法和举措，即使因激怒皇帝被打板，也要说出自己的看法。

尤其在平叛吴三桂撤藩的事情上。

在撤藩的问题上，康熙拿大清的安危赌吴三桂不反，而周培公谏言道："微臣宁可获罪，也要斗胆求皇上真言。皇上身系天下安危，如果赌输了呢。"这胆识，这气魄，对每一个陪在君主身边的人来说，是多么的难能可贵。

封建时期，谏臣、直臣一般都是不给皇帝面子，直戳皇帝的痛处，要知道接纳谏臣对皇帝是一种考验、一种烹烤、一种煎熬，也是一种胸襟、一种气度，能接纳谏臣的皇帝也一定是一位明主。

当吴三桂真的反了的时候，周培公一个文臣，靠着自己的智慧，将一批家农、家兵组成的军队，训练成虎狼之师，巧妙地破了察哈尔的部队，又亲赴王辅臣府邸说服其投靠朝廷。平叛吴三桂之反的胜利建功之时，朝廷却因惧怕周培公成为第二个吴三桂，一道圣旨将周公调到偏僻的盛京（沈阳），一下搁置了 11 年，这种不被信任的痛楚，这种徒有一身抱负却不能施展的委屈，着实让人感到痛。这种痛对一般人来说，早已击碎了人的心，摧毁了人的意志，可周培公非但没有被磨灭意志，反而花费十年时间，翻遍史诗记载，临摹绘画出大清疆域图，并在临终前再次谏言，分析大清时事。

试问我们每一个人，在工作单位，有谁可以真的为单位的长远发展，时刻秉承自己的正直信念，不被单位既有的发展理念所左右，对浮夸虚伪之风坚决抵制，时刻怀有公平正直之心，怀安静不争之心，尽心尽责尽力，这是每个为臣者都应秉承的信念；而为主者，定要用铮亮之眼睛，敏锐之头脑，用好每一个人，使臣者能尽全心而为之。

8. 规则决定行为

还记得，刚做副校长时，我分管学校的德育，校长经常找我谈话，他告诉我，学生见到我，就应该像老鼠见到猫一样害怕和畏惧。我当时特别不理解，因为不管是做班主任还是做任课教师，我都不是那种特别严厉、特别无情的人，也不是让学生特别畏惧的人。为什么要让学生怕我？为什么要让学生见到我像老鼠见猫一样？我迷茫了很久。

经过这一年半的德育管理，我突然间特别理解当时李校长的意见。部分学生见到我，真的就像老鼠见到猫一样。是我变得更严厉了吗？不是的，是因为在德育管理中，我们要矫正学生的不良言行举止，引领学生树立正确的世界观、人生观、价值观，所以学生畏惧我们。

作为分管德育的副校长，我好像代表着学校的一种规则、一种制度、一种管理。在红绿灯路口，学生看见我，就像看见了"红灯停，绿灯行"的口诀，自觉地按照规则行进。在校园里，学生看见我，有几种表现：打扫卫生的同学快速地打扫，倒垃圾的同学小跑倒垃圾，都不再拖拉；路队中行进的同学，礼貌地向老师问好；课间操集合的同学会快速行进，跑操时的同学会认真、严肃地跑操；走在校园的任何角落，学生都会环顾一下身边是否有垃圾……

也许有人会说，这是学生在老师面前故意向好的表现，而我不这么认为，我觉得学生的这些表现都是我们平时言传身教的德育教育引领的结果。我们要求学生打扫卫生要快速不拖拉，走在校园里能随手捡起身边的垃圾，见到老师能主动问好，能严肃认真地进行课间操的跑操……

学生见到我，就想到这些要求、这些教育、这些管理。那些像老鼠见到猫的学生一定是想挑战规则的学生，看到我的同时，想到这些规则不可违背，就有些心虚了。

德育是一种永恒性的教育，德育又具有时代性和时效性，要符合时代要求，紧随时代潮流，德育工作还具有艰巨性，工作开展的过程中需要反复强调才能取得成效。德育工作可总结为"育才，育智，育心"。教育是对学生智慧的培养，智慧并不只是知识的灌输，更有心智的培养，让学生身体强健、知识丰富、内心充盈，讲究身体与心灵的全面培养。例如，我校社会实践活动的打造，身体力行地教育学生劳动可贵；足球篮球等运动的开设，提高了学生的身体素质；军训、建队仪式、青春礼、毕业典礼等活动，无不是秉承"寓德育教育于活动中"的理念，引领学生有规则意识，能着眼长远，思虑大局，有国际视野。

　　规则决定行为，德育所管理的许多具体事情，代表的就是一种规则。

9. 慎独是一种高级的自律

自从来到新学校，换了新岗位，我总觉得自己无法适应，在工作中总是被否定，总是不能达到校长的要求，总是在摸索中不断前行。今天看到一句话——慎独是一种高级的自律，感觉很受用。

一、言行一致，慎独是心安

曾国藩说："慎独则心安。"他32岁那年，给自己订了一个日课册，规定了自己每天必做的十二件事——主敬、静坐、早起、读书、读史、获知、温故、谨言、养气、保身、作字、宿家，并且每天认真写日记，回顾自己一天来的言行举止，反省自己有哪些没做好，认真记录下来，警醒自己"不为圣贤，则为禽兽"。他说："能慎独，则内省不疚，可以对天地质鬼神，断无行有不慊于心则馁之时，人无一内愧之事，则天君泰然，此心常快足宽平。"

正因为曾国藩懂得常常反省自己，始终慎独慎微，不被外物所诱惑，并且言行一致，所以他才能活得清白、活得踏实、活得心安，最终成就功名。

天下熙熙，皆为利来；天下攘攘，皆为利往。最抵御不了的，是在名利诱惑下的思想松动；最难恪守的，是为人处世能保持言行一致。

在一年多的德育管理工作中，我有很多困惑，也有很多思考。有时心境坏到了极致，想找个出口，总是不能得到解脱。读了曾国藩上述这段文字，感觉心情愉悦了很多，心也宽慰了很多。当一个人学会慎独，其实不是为了让别人赞扬，而是让自己无愧亦无咎。

二、始终如一，慎独是最高级的自律

九年级要上晚自习，在教务主任安排工作的时候，有个别年长的老师开始发牢骚、抱怨，不愿上晚自习。老师的怨气和内心的不平静，是那样地让人难过。有时候我们作为老师的，容易固守着自己的观点，一旦发生和自己的想法有出入的，就变得像一株带刺的玫瑰，一些不经意的小动作就能体现他的素质，一些最微小的细节常常能够折射出他的灵魂。

君子慎独，人在处事时最能显现出本性，话从口出后，即使无人监督，心却一如既往遵从己言的人，却不多见。能做到慎独，仰不愧于天，俯不愧于地，实属难能可贵。

自古以来，慎独就是圣人先哲们追求的修身境界。实际上，人活一世，真正应该敬畏的，不是外在的压力、制度的约束、利益的算计或者他人的评价，而是道德的信仰、内心的律令。

中国人做事贵在一个"恒"字，而"恒"要的就是始终如一与不忘初心。

无论是三国时刘备的"勿以恶小而为之，勿以善小而不为"；还是元代时许衡的"梨虽无主，我心有主"；抑或是清代林则徐的"海纳百川，有容乃大；壁立千仞，无欲则刚"，对于心中自律的坚守，他们做到了始终如一。

自律，是人通过对自己情绪和思维的控制，来达到主动行动的能力。而慎独，是自律的最高境界。

我们的生活充满了虚浮的赞美、荣誉以及困境、挫折，每个人都在社会中担任太多角色，有太多需要面对和应付的事情，当一切华丽转身，长久陪伴着自己的是更大的落寞和空虚。真正属于自己的，只是夜深人静时自己那颗跳动的心。

这时，唯有慎独才能让自己时刻警醒，继续前行。

而慎独就是要求我们：做人做事需要保持头脑清醒，心中有一杆标尺来衡量能做什么，不能做什么；并时刻警醒自己"有人在与无人在要一个样""有控与无控要一个样"。

一个以慎独为修身信仰的人，必然有一种磁场，一股正气，在芸芸众生中会耀眼起来。这样的人，这样的品行兼修，方能获得尊重。

内心有了这样的声音，心境也坦然了，心态也平和了许多。

愿你我都能慎独慎微，清清白白面对自己，坦坦荡荡面对世界，活得自在心安。

10. 做一个让人舒服的人

在四十一中工作的二十多年里，我做过普通老师、班主任、年级主任、教务主任，跟很多的管理员配合过，相处过。其中特别让我敬佩的，就是周新华老师，他是一个让人特别舒服的人。我特别想做这样的人。

一、对待平常事

前些年，我们都不会用电脑做 PPT 课件，而周老师靠自学先走了几步。那个时候正是现代教学技术与教学相结合的时代。当年我有幸参加省优质课评选，需要周老师帮忙做 PPT 课件。那时时间很紧，但只要和周老师沟通了我的意图、想法和目的，第二天，他总能够拿出一份令我满意的课件。而且在备课的过程当中，还要不断地修改思路，修改方法，他也总是不厌其烦地帮助我一遍遍地修改，一遍遍地删减增片。直到现在，只要遇到现代信息技术上的问题，我第一个想到的就是周老师，即使后来去了四十一中北校和实验中学，我也会打电话咨询他。正是他的这种精神感染了我，在和他相处的过程中，我学会了做 PPT，学会了 Excel 和 Word 的使用。我想，和一个人的相处，不只是自己觉得舒服就够了，而是要努力学做让别人舒服的人。

后来参加创新大赛评比，需要做十分钟个人视频，而拍摄视频、剪辑视频，然后做成成品，是一件非常烦琐的事情，有些时候一天也剪辑不了几个片段。当时正在放假，周老师不仅给我拍了照，录了像，而且还按照我的思路和方法进行了提升和加工，进行了视频的剪辑，把很多东西浓缩成十分钟内完成的视频材料。视频剪辑周老师为我付出了大量的时间从不言表，而这些烦琐都是后来我自己学习用绘声绘影进行视频剪辑材料时才感受到的。我觉得要和让人舒服的人在一起，自己也要会做一个让人舒服的人。从周老师的身上我学会如何让人舒服，我也知道这是要付出很多辛苦的。

二、对待工作安排

后来我做了年级主任和教务主任，我需要做的工作可能和原来有所不同。但只要我说出我的想法，周老师总能拿出可行方案。他的脑子里有很多的素材，仿佛取之不尽，用之不竭。需要他配合的事情，只要说一声，就一定不用担心。记得有一次，教研室要用录播室进行优质课评比，我当时只跟周老师说了一下时间和事件，等到比赛前，我到录播室一看，会场布置得非常漂亮，所有的桌凳标牌全都安排到位，这些都是我事先没有提到的。跟这样的人相处，该是多么令人开心的一件事情啊。

现在周老师负责学校的电教平板以及学校办公室等工作，校长们外出参加会议的 PPT 课件均由他制作。我特别佩服他的一点就是，他总能查找到很多材料，从校长的角度和高度完成学校的 PPT 展示课件和各类学校迎检的展示材料。一个好的管理员是什么？他不能只把自己当成是一个管理员，而是根据需要把自己当成是年级部主任、教务主任甚至校长，他要从领导的角度去思考领导需要什么？去想他们究竟要做什么？为什么要这样做？做课件的目的是什么？要表达什么？宣传什么？最终究竟要达到什么样的高度？

在实际工作中，很多管理员只是把自己当成管理员，布置这个任务，我就完成这个任务；推我一下，我就走一下。他们从来没有想过，要站在布置任务的角度去思考问题。

如果让我选择，我要像周老师一样，做一个让人舒服的人，能够站在校长的角度去思考全校的工作，能够站在教务主任的角度去思考学校的教学统筹，能够站在老师的角度去思考课堂教学。

如果我们都用这样的思想去工作，我们的内心一定是阳光的、开心的，我们的未来也一定是美好的、幸福的！

11．安排和落实

一路从教师岗位走来，我都是一个较真的人，做班主任的时候，每次学校安排的工作，我都要研究该如何把它更好地实施；如何通过工作安排，真正促进学生的成长，更好地让我们团队的教师尽心尽力。后来做了中层教学干部，给教师们安排工作的时候，我常常处于他们的角度去换位思考，如何让他们更轻松地落实？如何能让他们做得更少，效率更高？可能是基于这个原因，所以我觉得做干部真的很辛苦，很劳累，没有一个周末能够放松，没有一个假期能够安静。

我现在在副校长的岗位上，开始统筹和安排很多事情，我突然间发觉安排和落实之间的差距，它体现了一个人的领导力和责任心。同样是从班主任手里统计数据，有的人可以把所有教师的信息数据校对得非常完整，不出现遗漏；有的人就是把教师的工作复制粘贴而已。很多干部都习惯于"安排工作"，把工作安排下去，再安排工作人员去收集这些材料，对于最后收集的材料数据信息是否完全可靠，是否真正了解，是否能心中有数，他们是不知道的。

我们基层干部的"落实"工作，做得是远远不够的，对待上级的任务，总是甩手"安排"，不督促不参与，更多的是执行力较差。何为执行力？执行力就是指贯彻落实上级部署、要求和意图，完成预定目标，达到某个结果的操作能力。"落实"高于"安排"，这就是执行力强的外在体现。而造成"安排"重于"落实"的原因有：干部群体的认识不到位，工作态度不认真，主动性、积极性不够。

在学校里当我抓着一些事情紧盯不放的时候，有的人会觉得我太较真，根本不像个校长，却像个事务员。但我常想，不管处于什么位置，哪怕是中层干部、校级干部或者一把手的校长，都需要了解每一个层次的人的特点，每一个层次的数据对工作统筹的意义。

安排和落实的距离有多远？这值得我们思考。

12．寻找做教师的幸福

在最美教师的评选中，是大家的支持使我走到全省前 60 名，非常感谢大家。教师这个职业是一个很辛苦的工作，它需要付出很多时间和精力，需要承受更多的工作压力，背负更大的责任，全力付出而不求回报。如何在辛苦的付出中，寻求做教师的幸福呢？

一、幸福的家庭是你全力以赴工作的保障

比起一般人，我是幸运的，也是幸福的。我的父亲是一名小学教师，也是我的小学数学老师，他给予我的指导中最重要的一点就是，别的同学上黑板板书，我要查找同学们板书中的问题，然后说出问题的原因，并梳理出正确的方法。正是这种培养，使我喜欢上教师这个职业；也正是这种培养，我喜欢反思，反思自己的课堂、反思自己的管理，敢于承担自己的问题和错误。父亲曾经说过："这丫头的个性只适合当老师。"现在我自己也这么觉得，若是离开教师这个岗位，我都不知道自己还能做什么。

说到我现在的家庭，不得不说一说我工作的这所学校。我们学校建校 26 周年，在建校的第三年，我和我爱人从不同的单位来到这所学校，我们就是在这里相识、相知、相恋的，我们和我们的学校一起成长。结婚 26 年来，我们彼此互相勉励、互相支持走到今天，在我心中他一直很优秀，他是正高级教师、山东省特级教师，在我们学校一直工作在教学一线并担任班主任，工作的辛劳比我还要多，可是我们很知足，为现在所拥有的一切，为我们这个幸福的家。正是因为有了这个家，我才可以在工作中全力以赴。

二、单位给你平台，同事与你配合，所以幸福

有一篇文章给我印象很深——《离开平台，你什么都不是》。我工作的团队（学校）是我们市的一所重点初中，教学任务重，工作压力大，为了每位老师的专业发展，学校不遗余力地提供支持。学校图书室丰富的图书把每一位老师送进理论知识的海洋；学校经常把老师们送出去培训，请专家来学校做报告，开展省际教学交流等，这些活动的开展既拓宽了我的视野，也给我的教学工作打下了坚实的基础。我们的学科组老师总能静下心来倾听其他老师的建议与意见，有时会为了一道题争得不亦乐乎，会为了完成某项工作群策群力，出谋划策；会为了一节课而反复教研，认真揣摩，多次摩课，直至达到大家心目中的标准——一堂精品课。正因为有了这样一个催人奋进的平台与精诚合作的团队，才有我现在的成绩，所以我幸福地工作，快乐地教学。

三、有学生陪伴，和学生一起成长，所以幸福

再后来，有一个矿区学校合并到我们学校成立了一个分校，我被安排到分校工作。分校位置偏，留守儿童多，在课程学习中，他们真的和原来我所面对的学生不同，他们的课程着实让我费了不少脑筋，可是他们的善良和用心却感染了我。因为是合并的新校区，在进行实验室建设时，既需要将原来的仪器进行整理，把可以使用的挑选出来，还要把新增加的仪器进行标注，贴好标签放到固定的橱窗内，那段时间的午休和下午放学后，我都是待在实验室里，不停地忙碌。有一天，我的四位课代表突然来找我，说他们已经排好班了，做实验室志愿者，做一些他们力所能及的活，下午放学后，他们可以晚回家两个小时。那一刻我很感动，没有理由拒绝。那段时间，我们一起忙碌在实验室，边整理仪器，边给他们介绍仪器的使用方法，有时还要提出问题，让他们设计实验并亲自动手操作，那段日子很开心。

我依然记得在这所学校第一次开家长会时，有的家长穿着拖鞋，有的抱着第二个孩子，有的是爷爷奶奶，有的甚至是姨母、姑父等。这让我很心疼，我发誓一定要用心让他们成为有用之人，展现这些学生的能力，尽自己所能。

也是从那时起，我有了新的领悟，优秀的教师是不挑学生的，优秀的教师不是培养了多少清华北大的学生，而是影响了多少孩子，让他们重启生活的信心，满怀热情地去拥抱生活。

烦琐的工作中不是缺少幸福，而是缺少创造幸福的阳光心态。

最后和各位共勉：无论生活在什么样的境况之下，都要活出那种境况之下最好的状态。

13. 我们该用什么样的心态面对学生的不良行为

当我们从抖音视频或快手视频中看到学生的非常态行为时，我们更多的是惊愕、不能理解，然后是担心，担心这种网络视频会损坏学校荣誉，损坏我们辛苦为学校、为学生付出的努力。是的，因为我们是教师，我们的责任心要求我们必须为学生的不良行为负责。

学生的各类不良行为，是目前所有学校都要面对的，也都是棘手的。这些不良行为不是一天两天形成的，也一定不是一天两天就可以纠正的。我们的工作就是反复抓、抓反复，遇到这种情况，我们能做的就是正确引导舆论方向，不随便转发，遇到转发的朋友或家长，用正常的心态，正确的方法去疏导。

我们更要用心管理和疏导我们的学生，及时了解问题孩子背后的故事，同时要告知我们的学生，如果个人的言行品质出了问题，在家里有家长管理你，在学校有老师教育你，如果还不能得到校正，那么将来社会会惩罚你。

我们学校的管理理念就是让学生"低进高出，高进卓出"。七年级时，交到我们手里的是这些有着各种缺点的各类各样的孩子。三年里，我们要本着对学生负责、对家长负责、对社会负责的态度，全力培养学生；三年后，我们要送出高素质、高水平的学生。

纵使前路荆棘，亦将坦然，无惧前行！

14. 给每一株野草开花的时间

一位隐士住在山中，他很勤劳，每年春天，台阶上的野草刚探出头便被他清理掉了。

一天，隐士决定出远门，叫了一位朋友帮他看守庭院。与他相反，这位朋友很懒，从不修剪台阶上的野草，任其自由疯长。

暮夏时，一株野草开花了，五瓣的小花氤氲着一阵阵的幽香，花形如林中兰花，它的花边呈蜡黄色。这位朋友怀疑它是否也是兰花中的一种，便采撷了一些叶子和花朵去请教研究植物的专家。专家仔细地观察了一阵，兴奋地说："这是兰花的一个稀有品种，许多人穷尽了一生都很难找到它，如果在城市的花市上，这种腊兰的单株价格至少是一万元。"

"腊兰?!"这位朋友惊呆了。而当那位隐士知道这个结果时也惊呆了，他不无感慨地说："其实那株腊兰每年春天都会破土而出，只不过它刚发芽就被我拔掉了。要是我能耐心地等待它开花，那么几年前就能发现它的价值了。"

这个故事让我深思，让我想到了我们的教育。作为老师，我们面对着千差万别的学生，他们或顽劣不堪，或老实本分，或平平常常，或天资聪颖，他们有着鲜明的个性。可是我们却如园丁一样，拿着大剪刀"咔嚓咔嚓"地把他们修剪成高低相同、大小相等的同一模式，绝不允许他们旁逸斜出。对于那些不容易修剪或拒绝修剪的学生，我们会人为地把他们打入后进生行列，严加惩罚。我们以学习成绩作为衡量标准，把学生当作生产线上的坯料往模具里套，符合标准的就是优秀生，是我们眼中的骄傲，就可以作为成品出厂了，就如那些天生昂贵的花朵；而那些不符合标准的就是残次品，哪怕是其他方面再突出，就因为成绩达不到要求，被冠以不务正业之名，成为我们眼中的另类，就如野草。于是我们的教育不再有宽容，不再有耐心，不再有关爱，有的只是功利和浮躁。对待学生，尤其是对待后进生，老师一定要有足够的耐心来等待，等待每一株野草最后都能开出美丽的花朵。

在一个新循环的学期初，学校德育处下了通知，让每位非班主任老师都要选三名需要帮扶的学生，结成对子，进行精准帮扶。选谁呢？我脑中开始从自己带的四个班里搜索。突然八年级 11 班的一个男生闪进我的脑海：他叫××，坐在第一排最靠窗户的位置，小小的个子，大大的脑袋。平时上课下课很爱调皮捣蛋，上课时不是身子动过来扭过去，就是嘴巴说个不停，一副没心没肺的样子。老师一提问××，其他同学都是一片笑声，认为他不可能回答出来，等着看他的笑话。

第一次找他谈话，他就很直爽地告诉我，他的父亲和母亲都在二手车市场忙于生意，他养成了很多坏毛病。他也想好好学习，但就是坐不住。我知道，这个孩子本质不坏，就是缺少规矩，要提高他的成绩，首要的是解决他的思想问题，改变他的坏习惯。但这种根深蒂固的思想和习惯岂是一朝一夕能改变的！于是，我耐下性子多次找他谈话，只要他犯了错误，我就找他谈，次数多了，他也努力改正了很多坏习惯。几周后，他基本能做到和老师积极配合上好课了。学习成绩也有了较大的提高，全班共五十八名同学，第一次质量检测××考了后几名，期中质量检测中××进步了三个名次，到了第三次质量检测他已经可以到中游偏下的位置。同时，在平时的教学活动中，我也从不吝啬对他的表扬，因为我明白希望得到别人的表扬是每个孩子的天性，孩子的内心世界是清澈的，还尚未形成正确的价值观和世界观，对于自身的评价，大多来源于老师、家长及周围人的评价。我在课堂上经常提问××，刚开始还没等他张口，同学们又开始嬉笑，等着看他的笑话，我就说："咱同学还笑话别人，人家××期中考试是考及格了的，咱们班还有二十个同学物理没考及格，还不如××呢！"听了我的话，同学不再笑了，××也大受鼓舞，流利地把正确答案说了出来。从此以后，我再提问他，同学们也不再笑了。通过这件事我知道了要懂得在孩子的缺点中发现那一点点优点，并用无微不至的圣洁的师爱呵护着他生命中的那一点点光！而那一点点不曾被扑灭的光，总有一天会照亮这个我们深爱着的人世间。

教师要善于捕捉孩子们身上的亮点，对他们进行表扬和激励。一句积极的评价就是鼓舞孩子奋发向上的强大动力，孩子建立了自信心，对待各种事物的态度就会变得更加积极。

每一个生命呱呱坠地，他给父母带来了喜悦和希望，这个小小的生命，无论漂亮还是丑陋，聪明还是愚笨，都是父母眼中的心肝宝贝儿。随着时间的推移，孩子走进了校门，成了小学生，和其他的孩子一起学习生活，大多数的父母都把目光投向孩子的学习成绩和成长。聪明伶俐的孩子让家长惊喜和欣慰，可哪个班里没有理解能力差和性格有缺陷的孩子呢？这些孩子在学习上不能和同龄的孩子同步，行动也不如别人敏捷，他们受到了伙伴们的冷落和挖苦，他们成了班级中的灰色人群，有些孩子还相当自卑。这是一群更需要爱的孩子，如何看待他们呢？作为一名教师，我深知应该投入比其他学生更多的爱去关心他们。高尔基说过："谁爱孩子，孩子就爱他。只有爱孩子的人，才可以教育孩子。"要建立良好的师生关系，真诚地、由衷地热爱自己的学生，这是教师必备的基本品质，是教育成功的前提。而后进生的教育工作更需要我们倾注更大的爱心，对待他们，我坚持用爱去感化他们，用行动去启迪他们。

有人说过这样的一句话："老师不经意的一句话，可能会创造一个奇迹；老师不经意的一个眼神，也许会扼杀一个人才。"给每一棵野草开花的机会，给每一个孩子自己成长的机会吧。每一株野草都可能是一株稀世珍品，每一个孩子都可能是一个奇迹的载体。教育担负着一个民族的未来，我们的民族要想真的有实力，就要有包容野草的胸襟。而教育，首先要宽容，要大度，要放眼未来。

15．让师爱温暖学生的心田

我在网上看过这样一个故事：有一位农夫住在山坡上，他一年四季都用两个罐子挑水，其中一个水罐买来时就有一条裂缝，而另一个则完好无损。好水罐总能把水满满地运回家，而有裂缝的水罐回到家时，水就只剩下半罐了。因此，那个可怜的有裂缝的水罐总为自己的天生缺陷而感到惭愧。农夫知道后，就对它说："不要难过，在我们回家的路边开满了美丽的鲜花，难道你没有注意到这些花只长在你这边，并没有长在另一个水罐那边吗？这是因为我知道你有裂缝，就在你这边撒下了花种。每天我们从小溪边回来的时候，从你的裂缝中渗出来的水就浇灌了这些花。这山上的小路很多，却没有哪一条像我们走的这条一样，有一边开满鲜花。"有裂缝的水罐听了，高兴地笑了。这位农夫"宽容的爱"让我很有感触。他想用自己的"偏心"帮助有裂缝的小水罐丢掉自卑，树立自信、自尊，从而使生活充满阳光和快乐。这种"心计"谁能说不高明呢？在我们的教育过程中，又何尝不需要这种"宽容的爱"呢？我们的学生当中，那些学习有困难、性格有偏差的学生，他们不就是一个个有裂缝的"小水罐"吗？

我当老师已经25年了，期间还当了十几年的班主任，非常近距离地跟学生在一起，了解他们的点点滴滴。近几年我只是科任老师，但凡见到学生有不良行为时，总是会想到造成他们不良行为的原因。

一直以来，我都秉承一个教育理念：做学生的朋友，以心交心，用自己的师爱打动学生。因为我相信："每一朵花都有盛开的理由！"今年新接八年级，我通过两周的教学观察发现，19班有个女生学习的资质还是不错的，但她几乎每天上课都恹恹欲睡，我总觉得她有些不一样，借个机会找她来谈话，交流中孩子的眼泪如断线的珍珠簌簌流下，原来是父母离异，今天跟爸爸两天，明天跟妈妈两天，父母的爱不但没消失，反而更多了，但是他们都比着谁更宠爱，所以每天回到家里美美地吃上一顿后就尽情地玩，玩完了才不得不去写每天的作业，因此每天写到下半夜，第二天自然就昏昏欲睡。这个案例很显然是缺少父母正确的爱、监督、引导，错不在孩子身上。我们互相交流，谈理想、谈目标、谈自律、谈过程、谈方法，明晰人生价值，规划未来，确定小目标，最后拉钩成诺。之后联系父母，达成一致目标，建议方法，家校联合。这两项工作完成后不断跟进，即时关注，即时指导，这名女生的状况越来越好，成绩越来越好，也有了自信，我倍感欣慰，家长感激不尽。

当我们能真正地爱护、关心、帮助学生，并做学生的朋友时，师爱就成了一种巨大的教育力量。正因为有了师爱，教师才能赢得学生的信赖，学生才乐于接受教育，教育才能收到良好的效果。要热爱每一个学生，学习好的要爱，学习一般的要爱，学习差的也要爱；活泼的要爱，文静踏实的要爱，内向拘谨的更要爱；"金凤凰"要爱，"丑小鸭"同样也要爱。

和学生的关系处好了，就要更好地投入学科知识的学习中。我们要不断地充实自己，干一行爱一行，用自己深厚的学科知识和高尚的人格魅力去影响学生，引导学生。

16. 生命的教育就是爱的教育

教育的核心是唤醒每个人内在具有的善良、智慧和爱。这就要求老师尊重学生的成长，一定要把真、善、美、积极乐观、阳光豁达这些善的种子种在他们心里，同时为它浇水施肥。当应该具备的条件都具备的时候，种子自然会长成它要长的样子。

一位智者曾经说：组长、班长、厂长、团长、董事长、院长、校长、市长……都不如成长。

对于这句话，我以前理解不深，通过多次参加"中华醒狮"优秀传统文化论坛的学习，我的生命中注入了新的活力，新的力量。现在真正明白了，成长才是生命中最大的财富。没有成长，财富一无是处；没有成长，生命一无所有！

只有自己成长了，内心强大了，生命充满美与乐了，才有智慧与能力帮助学生成长，才能够发掘他们身上独一无二的气质与特色，给予他们生命的尊重，帮助他们成为最好的自己。

人的天性就是向往快乐的，究竟用什么方法能让学生快乐成长呢？从 2013 年开始，我力求让课堂充满美与乐，尝试用冥想、讲故事、相互祝福赞美、猜谜语、播放励志小视频、展示我参加活动所拍的照片、教他们传播正能量的语言与文字……就是要给学生灌输一种理念：学习是一件快乐喜悦的事情，成长是一种美丽的经历，每个生命都是尊贵的。

当学生真正感受到老师的爱的时候，心和心的距离就拉近了。每次他们见到我，特别活跃的学生不管在大街上还是在学校里都会大声打招呼，甚至会拥抱我，让我感到当个老师真的很幸福！有时经过一些教室，都会引起小小的"骚动"，有很多学生向我招手；我一进教室，他们就热烈鼓掌，像欢迎嘉宾似的。

更有一些学生的举动让我感动：每次看到地面有纸，我会弯腰捡起，从一开始时学生看着我说："老师，人家都不捡，你也不要捡。"到看到我捡他们抢着捡。更让我惭愧的是，我捡时用两手指捏着，而学生一把攥在手里，丝毫不嫌脏，很好地给我上了一课：不是垃圾脏，是我的心灵有污垢！

所以我常常反思"为什么学生不愿意听我们的话?"因为他觉得你在教他,而不是在爱他。当他感受到爱的时候,他内在的爱就会被唤醒,因为,没有人会拒绝暖暖的真爱。当学生生命中的爱被唤醒时,他自然就知道怎样去做了。

从前我把传授知识当作教育的唯一目的,现在,我知道了,生命成长才是教育的唯一目的。

愿老师们都成为传播光和爱的使者,把美和乐带给学生,让世界因我们而美丽!

17. 批评，不妨换种方式

早上走进办公室就看到办公桌上放了一摞《物理助学》。我习惯地翻开助学检查同学们达标练习的完成情况。前面几本书写得很认真、很整洁，达标练习完成得很令人满意，于是我习惯性地在助学上打了最高等级 A$^+$，还写了"优"，并且还画了一个大大的笑脸。可翻着翻着，一本助学让我眉头一皱，知识梳理部分字迹潦草，看不清写的是什么，再看达标练习，选择题 A、B、C 几乎连在一起，而且根本不对，一看就是胡乱选的，更可气的是，两个说理题不仅没做，竟然还写着"答案见课本 P××"。一看字迹，就知道是谁的！真是让我气不打一处来，怎么又是"××"。前几次他的助学因字迹潦草无法辨认被我多次批评，再后来他还偷偷拿别的班的助学糊弄，结果被我识破，被我狠狠批评了，为此还叫了家长，写了保证书，刚过两个星期，今天倒是他本人的助学，不过不仅字迹相当潦草，说理题竟然不做，写什么"答案见课本 P××"，太不像话，今天非得好好教训教训他，怎么教训他才能有效果？批评没用，叫家长效果也不好，还导致他的反感，怎么办？既然批评不管用，不妨换种方式试试。我把××在课堂上及平时的表现在大脑中过滤了一遍，认真思考后，在他的助学上画了一个笑脸，又在说理题处画了一个泪流满面的哭脸，并写下了一段话：老师很欣慰你在课堂上能积极主动回答问题，说明你是一个爱学习的孩子，更欣赏你竭尽全力帮助家庭困难的同学，这说明你是一个善良的孩子，老师相信你一定还是一个要强的孩子，会对自己的学习负责，所以老师给你一个"😀"。如果考试时字迹潦草，阅卷老师的第一印象"这不是个优秀的孩子"，会不自觉扣分，一分之差也许让你付出沉痛的代价，如果再出现"答案见课本××页"，结果会怎样？老师给你个"😭"就是想告诉你平时作业是检测对知识的掌握、锻炼答题技巧和答题速度的，平时不练，考试就会考砸，字迹是人的第一张脸，你的字很有个性，只需认真即可。老师相信你是个知错能改的孩子，老师期待你的表现！加油！

没想到，第二天一早我到办公室就看到××的助学放在我的办公桌上，翻开一看，凡是"答案见课本××页"全都涂改没有了，工工整整写完了所有的内容。助学里还夹了一张字条："谢谢老师的教诲，我会改正缺点，认真完成作业，不会让老师失望的！"看着××的作业和字条，心中暗暗窃喜又有些庆幸：假如昨天狠狠批评他一顿或叫家长告状，他会有今天的变化吗？

　　感悟："批评""叫家长"是老师们教育学生的一个重要手段，相信没有哪个学生喜欢被批评、被叫家长。粗鲁的批评方式或"叫家长"等会让学生产生抵触感情，伤害学生的自尊心，也会破坏师生之间的感情。批评学生不妨换种方式，也许会收到意想不到的效果。

18. 为师之乐

从教 25 年了，这学期收了两徒弟，一学期下来，心里也颇有点五味杂陈。

第一味：不以为然。

青年教师拜老教师为师、与老教师结对，在我们学校不是新鲜事，多年前就有了。今年我到新学校，这里有很多年轻的新教师，且与我分在同一个年级代课，因为自己年龄大，从教时间稍长，就顺理成章地成了师傅。所以，对这一"师傅"也就不以为然，根本没当回事，"年高为师"嘛，拜就拜吧，于是就应承了下来。

第二味：刮目相看。

一段时间过后，心里稍微有了点浮动：我的两徒弟，不能小觑哟！作为师傅，虽然有点儿教学经验，但是徒弟学得也蛮快，关键是她们俩掌握着新技术，拥有着新思想、新思维，我学不会，也跟不上，关键时刻还得是她们帮我。比如做课件，截个视频，配点音乐，都是她们出谋划策，动手制作，我这个师傅就在旁边"坐享其成"。而且她们干起活来，速度也比我快，效率更高。你能不对她们刮目相看？

第三味：压力"山"大。

本学期经过了三次质量检测考试以后，我压力"山"大。说心里话，第一次检测成绩出来前，我心里很轻松，心想肯定比徒弟代课的班级成绩好。虽然事实也是如此，但只是略微好了一点点儿，于是我心里开始稍微有了点儿压力。

到期中检测时，我心里忐忑起来，若被徒弟超过了就丑喽。虽然最后还是比徒弟高了点儿，但还是一点点儿，心里的压力猛然间增大了。

到第三次测试时，压力"山"大起来，在不安中等来了成绩。天呐！徒弟代课的班级居然超过我了！啥滋味？脸上没表现出来，心里倒是沮丧了一会儿。然而就一会儿，没什么，应该的，徒弟有这个实力，超过是正常的。我这样安慰着自己。我的徒弟"胜于蓝"了，真为她们高兴，想到这，我的压力反而没了。

第四味：引以为豪。

前段时间，学校对青年教师不放心，组织了对青年教师的听课活动。我的两徒弟忙活了一阵子，互相帮助，互相学习，虚心向我这个师傅请教，终于不负众望，圆满完成任务；得到了校领导和广大教师的一致好评。我这个当师傅的当然也脸上有光喽！真为有这样的徒弟而自豪。

第五味：心中释然。

一学期就要过去了，我和我的两徒弟配合默契，互相学习，共同进步，和谐相处，建立了深厚的友情。她们表现出色，成绩优异，俗语说："长江后浪推前浪，一浪更比一浪强。"看着徒弟的成长进步，就像看着自己教的学生进步一样，除了欣喜已没有了任何压力，我心中终于释然了。

第二篇

物理教学观

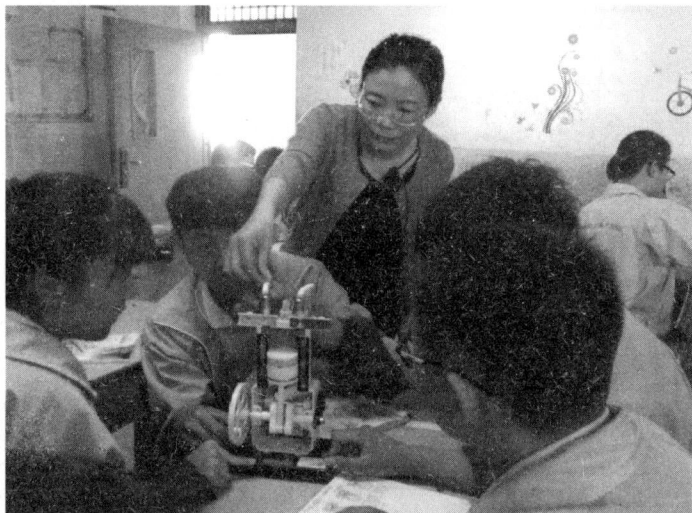

　　教育研究是在行走中自我提升的关键，是教师个人成长和发展的关键，也是解决教育问题的有效手段，更是提升教育发展内涵的有力保证。

　　"教师的成功，是创造出值得自己崇拜的人。"

　　"他们所要创造的是真善美的活人。"

19. 我的物理教学观

我一直觉得自己是一个物理人，热爱物理教学，钟情于自己的学科，可是这几年到外面参加各类培训，越来越发现自己的浅薄，越来越发现自己与别人的差距。我常常问自己："以后我该做一名什么样的物理老师？我要在课堂上给予我学生的是什么？我会对我的学生有什么影响？"

有了这些想法，我开始思考我的课堂，开始关注每一次授课的意义，我要给我的学生带来什么影响？

物理学科课程的建设，立足于学校实际，围绕学校特色，以"有趣有用的物理"为核心，努力开发"实验探究""科学探索""实用数字"等有特色的物理课程体系，激发学生的学习兴趣，培养学生"见物思理，学以致用"的物理学科素养。

所谓物理，"物"指的是以实验为基础，"理"指的是以思维为中心，即"以实验为基础，以思维为中心"是物理教学的两大法宝，也是物理学科的魅力所在。

有信仰，才有温暖；有信仰，才有影响力。"行思教学"就是基于该理念下的我的教育思想，它包括三个方面：行成于思、且行且思、行后反思。

"行"意味着动手、动口，"思"就是思考、设计等。"行思教学"就是要让学生养成先思考筹划再动手动口行动的习惯，行成于思、且行且思、行后反思是"行思教学"的理论基础。行成于思中的"行"就是做事，"思"就是思考。做事情能成功是因为多思考，失败是由于漫不经心。这是指做事情要多思考，多分析，成功之道在于深思熟虑。且行且思就是指一边做事一边思考，也指事情一边进行一边完善，并在完善中一边感悟一边进行。行后反思就是"行动后反思（AR，即 After Action Review）"，它是一种个体或群体在行动中能够动态反映、不断学习的方法与机制，目的是让参与者在行动中能够了解行动意图是什么、为何有此意图、意图是否达成、行动过程中发生了什么、可从中得到什么教训、如何将此教训带入下次行动中等。

20. 我的教学片断——行成于思

有很多物理老师不喜欢上实验课，感觉播放实验视频或动画比做实验好。为什么要开设实验课？如何开设好实验课？如何让实验课的开设更有意义？这些都是我们需要思考的。

有一次，我在课堂上给学生布置了一个实验任务——利用温度计测量烧杯中水的温度，学生很兴奋，小组合作开始实验，我用心观察着他们的举动和神情，我思考着实验课开设的意义。

过了 5 分钟左右，有很多小组的同学就测出了数据，他们很开心，我又安排他们思考本实验有哪些收获？有哪些遗憾？然后我们开始交流合作，每个小组的代表都表达得很好，他们从实验的测量表达了他们对实验的设计和操作。

我随后提问："请同学们反思一下，要想很好地完成实验，需要做好哪些准备工作？"问题一出，学生开始思考如何设计实验？如何小组分工合作？如何进行操作？

随着学生讨论的加深，我跟学生交流了我的心得：看到你们兴奋地开始动手时，我在想，为什么你们没有思考的习惯，看到器材，只是想动手试一试，而不去思考、搞清任务，只是停留在表象。将来有一天，你们走向工作岗位，需要思考、筹划、规划，要学会"行成于思"，任何行动之前，都要有规划精神，要做一个会统筹担当的人。

韩愈《劝学解》有云："业精于勤荒于嬉，行成于思毁于随。"意为事业或学业的成功在于奋发努力，勤勉进取，贪玩、放松要求便会一事无成；做事情要想成功，需要反复思考、深思熟虑，若随心所欲，随便行事，做事不经过大脑，必然招致失败。

作为教师，要从我们的课堂点滴中发现问题，传授我们的生活技能。

21. 换个思维给自己

"我的一位老师和我说过，他刚刚做老师的时候，总是关注那些在课堂上不喜欢他课程的学生，越关注这些学生，就越想去迎合这部分学生，让这些人也喜欢他的课程，后来，他发现，他错了。

无论怎么做，总有一部分人就是不喜欢他的课程。后来，他就把关注点放在那些特别喜欢他的课程的人身上，情况发生了翻天覆地的变化。这个时候，在他的眼里，都是喜欢他课程的人，这些学生的反馈赋予他很大的能量，从而激发他讲得越来越好。

逐渐地，那些中立人群中的一部分人以及那些不喜欢他课程的学生也被老师的激情和才华所感染，最后整个场域发生了变化，他的课程越来越受欢迎，老师生活得也越来越开心，充满自信。"

这段文字是我在微信中看到的，不自觉地共鸣起来。刚上班那几年，每次新接一个班，我总想让学生先来喜欢我，进而喜欢我的课堂，可是后来，我不再苛求自己，只尽心做好我自己，反而发现每天我都会很开心，我的学生也跟着我开心，我越来越发现"快乐的情绪是会传染的"，在课堂教学中，跟学生如此，其实在我们的工作中也是如此，不要让坏情绪影响心情，影响每天的行程。

有一次，我提前几分钟进了课堂，看到同学们萎靡不振。课代表告诉我，上一堂课班主任老师因为班里卫生和纪律不好狠狠地批评了他们一顿，挨批的阴影还笼罩着他们。这种情况下，我的课可怎么上啊？我急中生智："同学们，喜欢吃糖吗？我这儿有糖，想不想吃？"趴着的孩子直起了腰，露出了惊奇的神情："Really?"我微笑着继续说："谁能猜准这块糖的质量大小，这块糖就归谁！"于是乎，大家七嘴八舌，给出答案猜，气氛一下就调动起来了。接着，我又拿出了天平和砝码，然后我告诉他们，要想验证谁猜得准，用天平测量一下吧！同学们的热情更高涨了，小组合作，开始研究天平的使用方法，并开始测量糖块的质量，忙得不亦乐乎。最后汇报各组的结果，每组的获胜者，要把自己的数据写在黑板上。瞧！那一个个得意的样子，开心极了。这节课，既调动了学生的情绪，又将本节课"用天平测物体的质量"顺畅地学习体验完毕，乐乎？乐哉！

感悟：德国教育家矛斯多惠说："教学的艺术不在于传授本领，而在于激励、唤醒和鼓舞。"所以注重培养学生的积极情绪，能使学生在学习中的热情更高涨，更主动，更积极，以形成良好的学习态度。学生处于愉悦、兴奋的情绪状态时，他们的感知能力、思维能力、记忆能力、创新能力才会增强。

教师要为学生创造一个宽松、和谐、欢快的课堂气氛，让学生处于快乐、饱满、振奋的情绪状态，从而帮助学生建立良好的自信心，忘掉班主任老师训斥的烦恼，积极投入物理课课堂教学中，达到理想的教学效果。

22．小组合作学习的感悟

一直以来我对教学的认识是有偏差的，很多时候都用老套路上课，一堂课下来，自己非常累，但想到自己把该讲的知识点都讲到了，心里感觉很充实。但是当我问及学生一些知识层面的问题时，很多学生或者哑口无言，或者天马行空，顿时感觉自己教学的失败。

最近，随着"三学一练"高效课堂的深化，小组合作的地位逐渐凸显，达标检测更加受到重视，尤其是通过参加学校的同课异构活动，深切感受到了课堂属于学生，知识重在落实。凡是小组合作运用充分的课堂，气氛越是激烈，学生越是积极，学生达成度越高；反之，课堂沉闷，学生沉默，达成度低。为了便于任课老师在课堂上运用小组合作，我这个做班主任的把我们班的学习小组进行了整理，争取在每一节课上都能让小组发挥作用。

第一，组建小组的前期准备。

前后两排六人小组是目前我校课堂上最常用的一种形式，一般而言，小组是伴随着座次表产生的，这就要求班主任老师在排学生座次时充分考虑到性格、性别、特长、身高和成绩等因素，尽量组建相对均衡的学习小组。

小组的组建，原则上是水平平均或者接近，但是绝对的平均是不存在的，具体工作中也不能这么教条，所以要根据班级实际情况做出适当的调整。于是我在班级中划分了三个层次的学习小组，分别是以优秀生为小组的1、2、3号，以中等生为小组的4、5、6号，组建第一梯队；以中等生为小组的1、2、3、4号，以后进生为小组的5、6号，组建第二梯队；以后进生为主，组建第三梯队。小组内部，成员自由组合形成联盟，6人小组一般会形成三个2人联盟。这样，虽然小组之间水平不一致，但是在每一个小组内，每个成员都能找到与其水平接近的成员，这些同学或组成联盟，共同学习，共同进步；或在不同联盟中，相互竞争，共同提高，取得了不错的效果。

第二，课堂上的具体操作。

无论是何种方式组建的小组，最终都是为了提升课堂教学的效率，也只有在具体的教学过程中，才能发现小组中存在的问题，从而进一步完善小组的构建，才能培养学生合作学习的意识，锻炼自主学习的能力。这也要求教师在教学过程中，要时刻有运用小组的意识。

教师要选择有价值的内容、有利的时机和适当的次数，让学生进行合作学习，不能单纯为了运用小组而使用小组讨论的形式。在进行小组合作学习时，要给学生留下充分的思考和讨论时间，不能让讨论流于形式，要有效率和效果。另外，在班级的 6 人小组下设两个或三个学习联盟，我会在课堂上选择一些问题，交给学习联盟来讨论；选择一些学习任务，交给联盟来完成。比如作业的检查、知识点的落实等，联盟的效率要比小组的效率高出很多。讨论时，联盟要比小组更深入，补充发言时，联盟的运用也要比小组高效。

6 人小组的划分是课堂学习小组的基本形式，但仍然存在一些问题。所以，在吸取师友合作学习经验的基础上，在学习小组下设学习联盟，应该会有更高效的学习成果出现。

第三，小组学习结果的呈现。

课堂上利用小组，是为提高学生达成度服务的，因而，在一个阶段的学习检测后，要对小组进行量化。量化最主要的依据就是阶段性质量检测的等级，根据小组成员的成绩测算出小组平均等级、联盟平均等级，与上次的检测结果比对，并对小组和联盟做出适当的奖惩。更重要的是，分析出每个小组的优势和短板，分析小组进退步的原因，提醒个别同学下一步要更努力，提醒小组成员互相帮助，利用结果的激励性，激发出每个成员的积极性，这样才能在全班形成积极向上的氛围。

以上是个人的一些尝试，在上述过程中也出现了一些困惑和不足。比如，小组划分不平均，使上课时小组进度不一致；个别老师上课时利用小组合作的意识较弱，使同学们对小组合作学习也缺乏兴趣；有些教师对已经建成的小组不习惯，上课时确需运用小组的还要在现有基础上进行微调。这些都是在下一步需要努力解决的问题，还需要和其他教师共同探讨，争取使小组合作学习在班级内开展得更为深入。

23. 再谈小组合作学习
——如何有效地建设小组

柔和的春风轻轻地吹着，送来了和暖的空气，也送来勃勃的生机。在这充满生趣、充满活力的春天，我们在华东师范大学齐聚，再一次接受新基础教育的洗礼，再一次思考我们的基础教育，再一次反思我们的课堂，再一次激起思想的火花。

在课堂教学改革下，我们的小组合作学习方式被不断地解读、操练，在本次培训学习中，有好几位教授都对小组合作学习进行了操作上的指导。下面谈谈我在小组合作学习中的实操体验，和大家分享如何有效地建设小组。

一、小组建设

小组建设是班级管理的重点，更是有效课堂是否"有效"的成败关键所在。很多班级在开始建设小组时就已经出现了问题，更导致后面出现了一系列的问题。如小组建设难点在哪里？为什么很多学生不愿意当小组长？为什么小组建设后问题重重，不能起到真正的作用？

（一）小组长的选拔方式

老师在选拔小组长时缺乏技巧和艺术性，一般直接任命，或者谁愿意当小组长就让谁当，稍好一点儿的教师还能组织一下竞选班会。但这些都不够轰轰烈烈，都不够刺激孩子们的"神经"，激不起孩子们的斗志。

（二）组织选拔精选班会

前期准备：

（1）在 PPT 上展示这样的五幅图片，分别是毛泽东、邓小平、江泽民、胡锦涛、习近平。

（2）让学生回答这五幅图片都代表了哪一类人？

（3）让学生讨论并总结能够成为这一类人应该具有的优秀品质及能力。

（4）告诉学生我们班也有很多人具备这些领袖的品质及能力。

（5）但是老师只给十个人（班级共分为十个小组）做领袖的机会，

今天的"小领袖"经过这样的锻炼机会后，必将成为明天的"大领袖"。老师想看看有多少人具备当领袖的最重要的一点——气魄！（煽风点火）

（6）开始申报，给学生一天的准备时间。

（7）竞选，其实老师心中已经有合适的人选，这样做的目的是造势，因为有了前一天的铺垫，此时参与竞选的学生准备很充分，甚至连PPT都已经做好。

（8）投票。

（9）宣布结果，进行任命。

（10）颁发组长证书。

（11）宣誓。

（12）在落选者中选出十名做候补组长，颁发候补组长证书，这样做的目的依旧是造势，组长有危机感。

二、小组如何构建

在进行小组分配时一定遇见过这样的问题，宣布组员名单后哪个组中都有组长不愿意要的人，面对这种情况，老师多数都是简单劝解、强行分配。其实，有一个最简单却最智慧的办法，就是让学生自己选择组员。

（1）全班同学分为男女两排，与组长相对。

（2）组长选择同学的顺序：一到十组第一轮选，十到一组第二轮选，以此类推。

（3）形成小组，落座。

（4）建设小组文化。

为什么让小组长自行选择组员？因为这是充分自主、人员素质均衡、有助于小组团结的好方法。

24.战"疫"下的网络教学

——对线上教学的体验与思考

2020年春季开学，由于新冠肺炎疫情所致，国家教育部提出了"停课不停学"的要求，这种线上学习方式对学生的学习、家长的监管、老师的授课提出了全新的要求；同时，这种授课方式更是对学校特殊时期面对特殊的管理任务、落实政策、统筹资源、指导实施能力的考验。

身为一线初中毕业班的任课老师，同时也是一位高二学生的家长，在尝试和体验中，谈几点自己的思考，跟大家交流。

一、线上授课方式的体验

目前线上的学习形式，一是查看提前录制的教学录像课，通过电视、电脑、平板手机等进行空中课堂的学习；二是学校骨干教师在直播间，统一面对年级所有学生进行授课；三是采用钉钉或QQ直播，由自己的任课老师对学生进行线上授课。当然，还有利用学习强国等网上提供的各种免费的课程资源进行学习等。

这几种方式我一直在尝试和体验。第一种学习方式，它方便学生及时调整自己的学习时间，根据自己的学习实际，有选择性地进行学习，同时，学生通过电视屏幕观看课程视频，比起使用手机平板和电脑，间距远，有利于保护视力。第二种授课方式，骨干教师对学科课程的资源积累、教材的深度和广度的处理，典型例题的选择等都要求较高，对直播课的质量提升有帮助，可以提高课堂的实效性，更有利于优质资源的共享。但同时又由于老师面对的学生众多，对学生可能不太熟悉，和学生的互动交流会有所欠缺。

考虑以上两种线上学习方式的利弊，我采用的是第三种钉钉直播的授课方式。钉钉直播授课可以是班级的任课教师面对所任教的学生进行在线互动的一种授课方式，也可以是骨干教师面对年级学生进行的一种授课方式。虽然老师和学生不能面对面，但是可以通过露脸和连麦的方式和学生实现线上互动交流，直播结束后还可以查看学生在线时间，从而掌握学生在线学习的情况。

思考：线上教学一定要将实效性作为首要原则。每一节课教师都要在充分研读教材、了解学情后提出切实可行的教学目标，并根据目标设计相应的教学活动。我们在线上教学中可以变换不同的方式，比如在骨干教师的直播授课中，如果能添加学情监管，就可以起到更好的效果，针对骨干教师的授课内容，本班任课教师及时总结直播中学生互动情况，包括连麦情况、在评论区回答问题的情况等，避免互动过少的弊端。

钉钉在线直播中，可添加课前点名，在授课过程中提问、追问、连麦等检查学生是否在线认真听课，直播课结束前在直播课堂上进行作业的布置等，促进学生和老师线上的互动，使学生感受到和老师的语言交流，从而增加学习的实效性。

做好学生监管就是掌握学生学习的实际情况，任课教师和学生家长一起做好协同的监管，共同想办法、找策略、使学生线上学习更有实效。

二、落实学习效果的体验

落实学生的学习实效，可以采用钉钉家校本，发布作业任务，要求学生在线提交作业。钉钉的教学跟进功能设置得非常全面，学生可以通过语文、英语老师发布的晨读打卡指令，上传自己的读书视频或音频；班主任可以通过发布健康打卡，安排学生进行每日健康情况报送或学生进行体育锻炼情况上传等。钉钉当中的填表功能可以有效地设置表格问题进行填空，方便当前疫情下各类数据的提交、排查和汇总。

线上教学一定要做好答疑和问题反馈，虽然不能实现面对面指导，但一定要做好作业批阅和评价，这样才能发现普遍存在的问题。教师要对普遍存在的问题进行反馈和专题辅导，利用答疑时间处理课堂遗留的问题，让问题在第一时间得到处理。当然，家长也可以配合督促，避免问题的再次发生。

进行线上作业批改，因为学生书写得不规范，没有层次，教师在批阅时很难进行分辨，建议对于学科填空题、选择题等题型，安排学生自己用红笔校正答案后拍照提交，这样既方便学生对自己的作业完成情况及时了解，第一时间知对错，同时教师通过查看学生已经校正过的作业，了解不同学生在哪类问题上出现疑点和漏洞，在直播作业答疑时，可以针对这些问题进行提问，更有利于学生对作业内容的掌握。当然，针对理科当中的作图题、计算题、证明题等，或者语文、英语中的小作文，可以拍图直接上传，教师进行线上批阅，校正学生做题当中的不规范，通过对学生作业的查看、批阅和评价，第一时间掌握学情，使教师在线上直播课中更有的放矢。

利用家校本批改作业还可以添加评语，可以打回校对，学生通过教师批阅的结果及时和老师进行作业完成情况的互动。

利用钉钉云课堂可以进行线上测试，选择题和填空题直接进行网上阅卷，减轻老师的阅卷任务，教师可以设置答题的技巧方法点评，设置一次答题或者补考、提交后查看答案等，这些举措都可以促进学生落实学习任务和促进学习效果的提升。

线上教学是现实疫情下不得不采取的一种教学方式，在这种方式下，学生的规则意识得到增强，没有了上下课铃声，各自在家上下课，就需要自己管理时间。学生按时进入班级，参与课堂点名接龙，进行课堂互动，这都需要学生有一定的守时意识。

无论线下教学还是线上教学，教育的初心和使命都是引导帮助学生"学"。那么学生学得怎样，取决于教师的教，更取决于学生的学。这个变革能否真正让我们的学生受益，需要学校的精心管理，需要教师的用心教育，更需要学校和家庭"志同道合"的协同管理。提升线上教学的实效性，我们一直在路上！

25. 差异就是资源
——赴澳大利亚研修报告

作为一名普通的中学教师，我有幸参加了赴澳大利亚的研修学习。本次赴澳研修成员是枣庄市第一批名师培养人选，学员们来自各市区，为了一个共同的目标——学习、交流、拓展；为了一个共同的理想——提高自己，学有所思，学有所获，学有所成，更好地在岗位上发挥作用。

一大早，当飞机的舷窗外出现了澳大利亚美丽国土的轮廓时，就预示着我们期待已久的澳大利亚之行拉开了序幕，我们走进了一个不同的国度。当飞机降落在悉尼国际机场，我们走下飞机踏上澳大利亚的国土时，我怀着无比兴奋的心情审视着这片被海洋包围的大陆，开始了我的发现之旅。

一、澳大利亚的教育概况

澳大利亚有着独特的历史、地理和文化环境，人口两千多万，国土面积769万平方公里。它是一个十分重视教育的国家，教育体制分为中小学、职业教育与培训以及高等教育三个部分。澳大利亚实行十二年免费中小学教育，其中1～10年级为义务教育，传统说法是，1～6年级为小学教育，7～10年级为中学教育，11～12年级为大学预科教育。通常，孩子们5岁进入学前教育，5岁前进入托幼中心（幼儿园），托儿所和幼儿园阶段是交费的。正常要求6～16岁为义务教育时段，现在似乎把7～12年级也称为中学教育。

二、观察、聆听、感悟

我们培训团一共20名成员，这是一支团结向上、开拓进取的教师队伍。我随团出发时心里轻轻默念着领导反复交代的话"……走出国门要肩负起国家的荣辱与责任"。在这几天里我们参观了8所学校，看到了许许多多在国内看不到的景象，学到了不少书本上学不到的知识，打开了眼界，增长了见识，拓展了思维，收获颇多。

我们培训团一同通过听介绍、参观，以及在考察期间对澳大利亚经济、社会的直接感受，亲身体验了中澳教育在教育理念与方式方法上的差异，感悟教育教学的真谛。

（一）教育属于全社会

见闻一：处处皆为教育的场所

在澳大利亚，处处皆为教育之所。走在风景区内，只见植物环绕，有的植物上面挂着小牌子，有的植物旁边立着橱窗，它们都在向人们介绍着相关的植物学知识和周边的生态环境；走进公园，有专为儿童开辟的娱乐场所，人造海滩、人造湖，孩子们在水中自由嬉戏，欢声笑语响彻公园，在充分保证儿童安全的前提下，还尽可能地安排动物与孩子们的"零距离"接触。孩子们在玩耍之余，在大自然的怀抱中，尽情地在知识的海洋中遨游，认识了动植物并了解它们对人类的贡献，认识各种自然现象获得感性知识，兴致盎然地体验人与自然和谐相处的乐趣和奥妙。同时，澳大利亚许多公共文化场所，如国家艺术馆、世博会旧址、图书馆、博物馆、美术馆等，都对学生免费开放。一周五天里，学生有三天是在老师的带领下，在那里参观、听讲座、互相交流、查阅资料、动手实验、参与网络互动交流。不少学生正是在这些地方完成论文或调查作业的，而且在活动过程中，一般都有工作人员或志愿者为学生提供适时的帮助。澳大利亚的历史、文化、建筑均是学生学习的素材。

感悟差距一：要树立教育属于全社会的思想

在我们国家的公园里，也到处有写着文字标语的牌子，但这些牌子上往往写着"别摘我，我还要向路人问好""您留一片洁净，我还您一个健康""此时无声胜有声"。我们的标语往往是提醒人们注意自己的言行举止，大家只是把它当成风景，很少有人注意到那是教育孩子言行举止的素材。我们把教育的责任几乎全压在教师身上，学生的一切都与老师的教育相关联。这几年，素质教育提得这么响，把老师推在风口浪尖上，学生稍不合乎情理，老师都脱不了干系。岂不知，一个人的成长与社会环境、人文环境、家庭教育、学校教育等都有着密不可分的关系，所以一线教师、专家、家长以及其他社会机构必须团结协作。在社会化的大教育中，人人都是教育者，也都是受教育者，接受着全社会的教育，接受来自实践的教育，同时最大限度地开发社会资源，从而促进学校教育。

见闻二：政府协调服务，形成全面育人环境

澳大利亚对学生的行路交通、参观展览都有统一的优惠政策。在许多活动中，相关部门都安排参与辅导的成年人负责保护、指导青少年。而在澳大利亚政府，对于16岁以上的学生离家体验独立生活，还会发放一定的津贴。在澳大利亚，每个学生都必须穿校服，校服的费用需要家长支付，价格不菲，但是家长们大都非常支持。一方面是因为校服种类较为丰富，从衬衣、绒衣、外套、运动衣、礼服到皮鞋、球鞋等一应俱全，而且校服式样、质地很适合学生；另一方面是因为校服是保护澳大利亚青少年权益的一种有效措施。首先，每位家长可以自主选择是为自己的孩子买新的校服还是买上届学生穿过的旧校服，而且穿过的校服还能折价卖给学校或自愿捐献。其次，统一着装可以避免青少年之间不恰当的攀比，有利于培养孩子的平等意识和勤俭意识。最后，更让家长们满意的是，每天上午九点到下午三点，警察会对流散街头穿校服的学生加以过问，不宜青少年出入的场所一律谢绝穿校服者，乘坐公交、参观展览等，身着校服的学生都可享受优惠。这样既强化了青少年学生的平等意识和环保意识，节约了整个社会的教育投资，明确协调了全社会关心下一代的教育职责，又合理兼顾了各方利益，有利于经济发展和环境保护，因此得到了公众的普遍支持和拥护。

感悟差距二：学校必须为社会发展和经济建设提供更多更强的人才支撑

在我们国家素质教育的今天，全社会更加关注教育，全员育人被提到高处。可光有口号是不行的，学校教育要有真实性，要把真实的一面呈现给上级主管、家长、社会等。有人来考察，与我们交流，学校没有事先布置，没有事先安排，没有事先教导学生讲什么，怎么讲是学生自己的事，学校不干涉，我们要更加注重教育与经济、社会的协调发展。如今进入21世纪，教育的任务已经不仅仅是教书育人、传道解惑了，各级各类学校必须为社会发展和经济建设提供更多更强的人才支撑。教育的策略、方法、风格是多种多样的，这需要我们随时注意寻找多方面能接受的最佳方案。中国有中国的国情，外国有外国的国情，教育也一样，国情不同，教育也不同，因此要辩证地看待国内外的教育，基于国情分析教育，改革教育。

澳大利亚全社会均在关注教育，教育属于全社会。我们说素质教育、品德的养成必须随时与每个人亲身的、具体的、反复的体验紧密相连才能深入人心，自然成为其内在的道德品质。充分利用社会文化资源，让学校教育融入社会，不断得到社会生活源泉的滋润和社会力量的支持，这样的教育将会朝气蓬勃，均衡发展，为社会的稳定进步、人民的幸福安康做出应有的贡献。

（二）教育处处凸显"以人为本"的理念

见闻一：人性化的关怀

在考察中，我们深深地感到，澳大利亚学校处处体现着"以人为本"的思想。一进校园，到处都可以看到充满灿烂笑容的学生们，他们在无忧无虑地进行各种体育活动。他们也带着大大的书包，但大书包里并不像我们想象的那样放满了书本，而是各种玩具。见到我们这些亚洲面孔的外国人，他们会用英文或中文向我们大声问好。在教室里，在校园里，校长自豪地向我们介绍："这个是学生设计的；那个是根据学生的要求由学校建设起来的；那个实验室正由学生和老师一起进行改造……"学校教育"以人为本"不仅体现在活动中，更为重要的是体现在教育体系及课程设计上。前文已述，在澳大利亚的教育体系中，实行十年制义务教育，即学生学完十年后，便可以选择就业或继续学习，如果继续学习，又可以选择普通高中或职业技术教育。澳大利亚的职业教育是与终身教育相联系的，所以即使大学毕业后，或者工作一段时间后，如果觉得自己缺少某方面的能力，可以重新回到技术学院去学习相关的课程，进 TAFE 学习没有年龄限制，而学习的费用只是普通大学的十分之一。这些措施，都为提高国民的科学文化素质，提高劳动者的技术能力提供了极好的条件。

感悟差距一：将教育落到实处

目前我国教育界对"以人为本"已有了比较强烈的共识，但在教育教学实践中缺乏真正体现这一科学先进理念的行动。有不少地方的教育行政部门和学校，一方面高喊"以人为本"，另一方面在实践中却根本不考虑学校和学生的实际，不尊重学生和教师的意见及要求。所以说，我们的"以人为本"还仅仅停留在口号上，与真正的"以学生发展为本"的要求还相去甚远。这就需要我们实实在在地去做。

教师被"禁锢"于学校和课堂，学生被"圈养"于校园之弹丸地，所以建国 70 多年来，我们扫除了"文盲"但却产生了更多的"学无所用"和"学被专用"的"学盲"和"犬儒"，所以我们既缺大师，又缺大才。行动超过一切口号，"只有行动就有收获，只有坚持才有奇迹"。各级政府对教育的承诺，对教育的重视要更多地落实在行动中，走出文件、走出口号、走出法律，走进学校、走进教师、走进学生，走进千家万户。

见闻二："素质教育，以人为本"真正落到了实处

澳大利亚老师在课堂上并没有灌输给学生很多知识，而是把整个体系打开，让学生发现其中的规律，挖掘其中的奥妙。老师们是以学习支持者的身份出现，当学生碰到问题时，可以直呼其名向老师当面请教，可以随时打断老师的讲课提出自己的疑问。老师解答不了的问题就直截了当地告诉学生，让学生感到老师和自己一同学习，自己的想法和设计是独一无二的，这种自我实现的成就感给学生的学习增添了不少乐趣与动力。在澳大利亚的中学里，授课方式是灵活、开放的，老师鼓励学生自由发言，哪怕这种发言是怀疑的、片面的，甚至是反面的，都无所谓。在澳大利亚的中学里，可以强烈地感受到学生主体作用的充分发挥。学生敢于提问，敢于质疑，敢上讲台，敢于面对任何学习挑战，不扭捏，不怕出错，不怵"权威"。即使一些以往不善言辞的学生，在老师的鼓励下，亦能侃侃而谈，这使整个澳大利亚校园一片生机盎然，学生时时刻刻都能以阳光的心态面对学习生活。这不但减轻了学生的学习负担，促进了学生身心健康发展，更使学生的综合素质得到了极大提高。教育要重视实用性和创造性。澳大利亚高校在本科阶段十分注重学生动手能力的培养，注重学生独立思考能力、辩论能力、独立研究能力、社会活动能力以及团队合作能力的培养，这些对于学生将来的职业生涯都是至关重要的。

感悟差异二：因需要而有兴趣，因兴趣而努力

联想到我国的教育，长期以来注重知识灌输、死记硬背，而忽视对学生个性及能力的培养，从而妨碍了学生个性及创造力的发展。素质教育的根本是教师素质教育观念的转变，只有教师在正确的素质教育观念的指导下，才能培养出高素质的人才。在这方面，澳大利亚的做法值得

我们借鉴。国内的本科教育还停留在灌输式、理论化的模式，学生动手能力和创造性思维能力不强，近年来出现的"应届大学生找工作难"的现状就说明了这类问题。实践证明，动手能力强、思维活跃、更善于思考的学生，毕业后综合竞争力就强，就会受到用人单位的欢迎。在新课程实施的过程中，如何中西合璧，如何在教学过程中、教学方法上寻求更好的方案，真正做到行动与我们的教育理念接轨，让每一个孩子真正发展自己的个性特长，我们任重道远。

以人为本作为一种理念在澳大利亚各个方面都能够得到充分体现。以"人本与发展"为主题的教育，更是此行我们对澳大利亚现行教育状况和特点的总体认识。学校教育中体现了以"生"为本，在学校发展的问题上则做到了以"师"为本。提高教师的准入"门槛"，设立教师注册委员会，强化师德的要求（教师录用前，用人单位须到警察局了解，必须没有不良记录方可录用）。对已任教师，则十分尊重教师的劳动，尊重教师的创造性工作，关心教师的可持续发展。同时教师应尊重学生的人格，关注个体差异，满足不同学生的学习需要，创设能引导学生主动参与的教育环境，激发学生学习的积极性，培养学生掌握和运用知识的态度和能力，使每个学生都能得到充分的发展。

（三）十分注重学校教学资源的有效配置

见闻：教学资源有效配置

我们到悉尼男子高中去参观，下了车走进校门我们有些迷惑，这是学校的正门吗？一块条形木板加上一块弧形木板就拼钉成了学校的校牌，上面用油漆写上了校名，立在绿化带上，学校的路口用一根铁链拴在两根木桩上，也没什么门。但学校的体育设施十分齐全，水泥地篮球场、拇指游乐场、绿色大操场，虽然简单但活动面积很大，学生们在里面可以进行着各种体育运动。这些场地建设完全可以满足学生一般性体育活动的需要，但建设资金比国内操场不知要节省多少。体育设施、卫生设施、信息技术设备虽然齐全，但不豪华，尤其是信息技术设备更是突出其辅助性。

感悟差距：杜绝浪费和盲目攀比

澳大利亚的学校教育经费十分充裕，除了政府下拨的经费，学生家长和社会各界也会向学校捐资助学。我们此次走访的 8 所学校，有大学，也有中小学；有公立学校，也有私立学校；也有投资多、规模大、设施好、质量高的私立教会学校，但更多的学校建设以"高效、实用、够用"为原则，所有的设施设备并不追求豪华和气派。审视中国的教育，学校建筑要高大气派，在硬件上一味追求豪华先进，似乎硬件才是展示学校实力的标准。依据我国的国情，我们要杜绝浪费和盲目攀比，把有限的资金用到刀刃上是非常必要的。

当然，澳大利亚的教育也有许多不尽人意的地方，比如他们的课堂纪律有些乱，课堂教学容量偏少，所学知识体系不完整，学生学习基础不扎实，有的学生甚至有逃学、吸毒等更糟糕的事情。但我想本着虚心学习的态度，以一个一线教师的视角做一些观察与思考，还是很有启发的。先进的理念不仅体现在表象的物质层次，更主要的是体现在内在的文化层次，体现在以学生为主体，切实培养学生的能力等方面。

通过这次国外教育考察，我深深地感受到，不同国家的教育就像月亮，各有阴晴圆缺。当今的教育改革和发展就是要中西合璧，各取所长，让不同国家的文化激烈碰撞，找到最佳结合点。

作为一名普通的人民教师，作为一名"市首批名师建设"人选，当我认真整理这些差距，反复揣摩这些差距，设想如何改变这些差距的时候，使我悟到了一句话——差异就是资源。我们要变差异为资源，正是由于中澳两国在社会制度、经济水平、文化传统、地理位置等诸多方面的差异，才使两国教育有了各自的优势和不足，要变差异为资源，就要相互取长补短，既要看到外国的月亮圆，也要看到中国太阳的光辉。

十天是短暂的，澳大利亚之行给我带来的是一个与众不同的体验，包括了迷人的风景、美味的食物，还包括深入骨髓的西方文化，和同行们一起去认识发现一个国家是十分有意义的，这是一份永远属于我的无价的人生阅历！

26.人生旅程上的思想洗礼

——我的喀什送教之行

2017 年底，我有幸参加了山东名师到新疆喀什送教的活动。喀什历史悠久，有文字记载的就有 2000 多年。公元前 60 年，汉朝在新疆设置西域都护府，喀什当时称"疏勒"，作为西域的一部分，从此正式列入祖国版图。公元 74 年，东汉名将班超出任西域都护，在此戍边 18 年之久。到唐代，这里又是著名的"安西四镇"之一的疏勒镇。直到 15 世纪海路开通之前，喀什作为古"丝绸之路"的交通要冲，一直是中外商人云集的国际商埠。丝绸之路把中国文化、印度文化、波斯文化、阿拉伯文化和古希腊、古罗马文化连接起来，使喀什成为东、西方文明的交流荟萃之地。第一次到这个只能在书里或网上查看到的地方，我很兴奋，也很有压力，教学的首要任务就是要"备学生"，可是我不了解当地的学生情况，如何开展好自己的物理教学，我在心里不断地预设着各种情况。

一、抓住一切机会，察看学情，调整授课方案

第一天，我们早早地乘车，来到了疏勒县八一中学，刚一下车，有个年轻的汉族姑娘第一个喊出："哪位是李艳老师?"哦，真的好亲切!我好像找到了亲人。跟着她快速地来到了八一中学的实验楼。同学们已经坐好，八一中学的刘老师，已经做好了上课的准备。学生真多，8 个小组，60 多个人，超出了我在脑海里对他们的想象，还有几位民族老师和汉族老师都已经做好了听课的准备。

我在听刘老师的物理课时，不停地观察同学们，通过他们的发言情况、思考情况、实验操作情况、合作情况等来考察他们的学情，并快速对自己的课进行重新整合，以便适应他们的学情。我深知不适合学情的课堂，一定是失败的课堂，再精妙的设计，都是无效的。

轮到我进行课堂展示了，针对我观察的情况，结合自己平时的经验，我快速将全班同学分成 8 个合作学习小组，并委托每个小组的同学们推选一名组长，然后公示了组长职责和组员守则，小组合作积分标准。也许学生开展这样的小组合作模式少，有合作有竞争，所以热情和责任感一下子就被激发出来了，整节课学生们都表现出了极高的探究热情和合作互助的学习状态。上课结束后，那一张张对您热情崇拜的笑脸，那一句句"老师再见！""老师，希望您再来给我们上课"……感染着我，也感动着我。

我感受到，老师是多么的重要！在学校里的情绪会直接影响对面的学生。老师可以给学生以力量，也可以给学生以颓废；可以给学生以希望，也可以给学生以绝望；可以给学生以惊喜，也可以给学生以打击……老师至关重要，应将生命中最亮的色彩呈现给学生，用热情感染学生，激励学生每一步的成长。

二、无以积淀，何以精彩

在接下来的几天里，我们分别到岳普湖二中、刀郎双语实验学校、英吉沙实验学校、喀什地区实验学校进行送教活动，本校老师上一节课，我们送教老师上一节课，然后大家一起结合两节课研讨物理教学的有效策略。在评课交流中大家普遍感受到，本地老师的课堂教学中，老师们讲授得过多，总是不敢放手，总怕学生不会，总想把老师们感觉重要的内容，不厌其烦地进行讲授，满堂灌的课堂让学生听得很累，而老师们也讲得很辛苦，很疲惫。而我的课堂主要呈现以下几点：

（1）在物理概念教学中，如果学生对概念的理解难度较小（比如电流的概念），那就设置"自学提纲"，组织学生自主学习，培养学生自学的能力和独立思考的能力，然后在组长的组织下进行小组合作研讨，培养合作互助能力，最后为了检测自学情况，可通过"练一练"，对所学概念进行能力测试。

老师们对物理概念教学提出了研讨话题，我们一起分享了物理概念教学的常用方法：① 演示实验法。在实施概念教学时，演示实验法往往是一种行之有效的教学方法，一个生动的演示实验，可创设一种良好的物理环境，提供给学生鲜明具体的感性认识，再通过引导学生对现象特征的概括形成自己的概念，比如"大气压强""力""熔化""汽化""浮力"等。② 有趣现象法。兴趣是最好的老师，实际生活、生产实践及现代高科技中一些有趣的物理现象会吸引学生的注意力，激发学生的学习兴趣，活跃学生的思维，提高学生的理解能力，有利于知识的掌握，比如"超导体""半导体"等。③ 图像电教法。有些物理概念无法进行实验演示，也无法从生活中体验，但可以用图像、电教手段（如flash 动画）展示给学生观看。物理图像通过培养学生的直觉，从而培养学生高层次的形象思维能力，建立起物理概念情景；电教手段能以生动、形象、鲜明的动画效果，模拟再现一些物理过程，学生通过观看、思考就会自觉地在头脑中建立物理概念的情景。这种方法符合"从生动的直观，到抽象的思维"的基本认识规律，它是现代教学中提高概念教学效果的一种重要手段，比如对密度的理解，对光线、磁感线的理解等。④ 类比法。如用"水压"类比讲解"电压"。⑤ 设疑法。如对压强的认识。⑥ 循序渐进法、以旧引新法等。

感悟：两地同一学科的教师在同一时间、同一地点参加同一主题的授课研讨活动，这种"沙龙式"的研讨活动，让我们在学科教学中发现问题，并围绕学科教学实践中的热点问题、难点问题，通过专题讨论、争鸣交流、案例分析等多种方式，大家畅所欲言，各抒己见，具有针对性和实效性，真正切合了教师的实际发展需要，受到了大家的普遍欢迎，并让我们两地的教师都经历了"头脑风暴"式的洗涤，在"惊醒"中留下了深刻的记忆。

（2）利用问题串将实验探究的过程呈现出来，让学生在解决问题中进行探究合作学习。如在进行电流表的读数教学时，我安排了学生认真观察表盘的结构特点，利用有层次的问题，引导学生认识电流表的结构，学习电流表的读数方法。在探究电流表的使用时，我设计学生先来阅读电流表的使用说明书，然后放手让学生以小组为单位，根据说明书将电流表接入电路进行使用。教师的作用就是收集各小组在实验中出现的问题，在"交流与反思"中，让各小组反馈本组的收获（成功的、失误的、告诫的、建议的，等等）。

这个设计是喀什老师们极为推崇的地方，他们说，如果不是亲眼看到听到，他们都不敢相信他们的学生能自发表现得这么好，他们从来不敢这样放手，总觉得要先告知学生怎么做，否则他们就会出现大问题，于是课堂上就一遍一遍地讲解，一遍一遍地训练。

其实学生对知识点的掌握不到位体现在解题上，就是经常遗漏一些需要考虑的条件。从教师的教学方式来看，本着对知识点的精准理解，教师每每可以很尖锐地看到题目中的陷阱，于是强调又强调大家在做此类题目时，要注意先如何再怎么样，一定要注意什么，然而大部分学生，由于本身素质的差别，以及对理论研究归纳能力的缺乏，并不具备这样的能力，于是对教师所强调的内容，只知道记忆，不懂如何去理解、消化、运用，你说你的，我错我的。

我们在这个版块研讨的话题是"要敢于放手，不怕学生犯错"，学生可以在错误中进行反思、提升。学生对物理规律的认知是一个由直观到深入的过程，教师只要利用好学生的问题或错误，就一定会收到事半功倍的效果。教师如何能驾驭好这种效果，那对于我们老师来说，就是一种挑战。无以积淀，何以精彩，我们要在工作中不断学习，不断积累，通过学习让心灵得到洗涤，当心境提升，问题也就迎刃而解，驾驭成功的能力也就随之提升。教师是学生的榜样，更是学生效仿的对象。未来社会是学习型的社会，要求我们每个人都终身学习，把学习当成一种习惯。在今后的教学生涯中，抛弃尘世的浮躁，重拾心中的那抹绿色，在心灵的旅途中，阅读回味思考，积淀精彩。

三、在平凡中坚守，在坚守中绽放

在这次送教活动中，我一次次地被学生的热情所感动、感染，我享受着和他们在一起的每一节课；同时，我也被老师们那渴望求新的精神所震撼，他们虚心好学，对新理念新思想极度渴望。在这里，我还想表达对坚守在喀什一线的老师的敬重。

有一种生活，没有经历过就不知道其中的艰辛；有一种艰辛，没有体会过就不知道其中的快乐；有一种快乐，没有拥有过就不知道其中的纯粹。这些老师在敬畏中坚守规律，在坚守中追求幸福。

海尔总裁张瑞敏说过："坚持把简单的事情做好就是不简单，坚持把平凡的事情做好就是不平凡。所谓成功，就是在平凡中做出不平凡的坚持。"喀什的这些老师们就是这样，在平凡的工作岗位上恪尽职守，用坚持和敬业绽放出绚丽的光彩。我感受到他们真的很疲惫，很显老，皮肤很粗糙，我体谅着他们的辛苦，可是我也感受着他们精神上的坚守，尽自己的力量去改变学生，引领学生的精神世界。

我再一次体会到，老师是那么的重要，他不仅仅是知识的传递者，更是人类文化、美好人性的诠释者和传播者。那些积累一生的经验，那些推心置腹的话语，那些体贴入微的帮助都会在一个个稚嫩的生命里发出动人的回声。在一直的坚守中，老师对学生的善意和引领会成全学生的明天。老师是教育教学中最重要的资源，他的阅历，他的故事，他的思考，甚至他的气质都会成为学生难得的学习内容。

　　弥足珍贵的这段送教经历，不断荡涤着我的心灵，丰盈着我的教育理念，提升着我的课堂教学，也给我带来无限的留恋，让我在送教中不断成长！

第三篇

物理教学技艺

教育不仅是一门科学，还是一门艺术，而教育艺术的全部复杂性，是要善于感觉到一个人身上那种纯属个性的东西。

教育的技巧并不在于能预见到课的所有细节，而在于根据当时的具体情况，巧妙地在学生不知不觉中做出相应的变动。

——《给教师的建议》

27.　物理实验教学策略研究

物理是一门集实验和理论于一体的特殊学科，由此可见，物理教学质量与实验教学之间存在着密切联系。要想提高物理教学质量，必须重视物理实验教学。在传统的物理教学中，广大教师普遍重视理论教学，轻视实验教学，导致实验教学一直处于物理教学中的辅助地位。基于此，笔者紧紧围绕当前实验教学落后的现状，结合自己的教学实践活动，提出了提高物理实验教学质量的几点策略。

一、实验与问题相结合

在物理实验教学中，教师可以为学生设置问题情境，使问题与学生已经掌握的知识在头脑中形成一定的冲突，从而产生合理的假设和结论。另外，对任何科目的教学来说，只有提高学生的学习兴趣，才能有助于学生自主参与到教学活动中，进而在学习中产生强大的动力。因此，教师特别需要激发学生的学习兴趣，以便充分发挥学生的自主性。在实验教学开始之前，教师可以先为学生设置一定的问题，使学生产生一定的学习兴趣，激发学生的求知欲望，目的是使学生能够主动参与到物理学习中，从而实现实验教学与理论教学的有效结合，提高课堂教学效率。

举例来说，当学习"光的反射与折射"这节内容时，教师可以先向学生呈现出如下问题：① 为什么看到插在水里的筷子是弯的？② 透过凸透镜看物体，与物体的实际大小有什么不同？学生带着这几个问题来动手操作实验，会以极大的热情投入探索光线的传播规律中，进而探索问题的答案。

再如，学习"平面镜成像特点"这一节内容时，笔者首先用一块深色的玻璃板、一个玻璃杯以及两根完全一样的蜡烛等材料，为学生设计了一个小魔术，并将问题呈现给学生："为什么蜡烛能够不熄灭呢？"笔者在实验过程中不断移动蜡烛与平面镜之间的距离，并要求学生在观察中不断思考"像的大小变化"规律，为接下来学生独立操作实验奠定了基础。总之，通过这些问题的呈现，学生的实验操作目的性更强，也更有动手操作的兴趣，往往能够取得不错的教学效果。

二、情境与实验相结合

物理教学过程是一个使学生认识从生活现象到物理规律，进而用物理规律指导学生生活实践的过程。因此物理教学与学生的实际生活密不可分，教师在物理教学中要注意依据学生现有知识的水平以及教学内容为学生创设良好的学习情境，帮助学生提高对物理学科的学习兴趣，使他们由之前的好奇心转变为如今的喜欢，并善于通过物理学习锻炼自己的逻辑思维能力。

举例来说，当学习"大气压强"这节内容时，笔者为学生设置了这样一个实验情境：取一个废弃易拉罐，从拉环处向易拉罐注入少量自来水，水量约为易拉罐容积的1/4，用酒精灯为易拉罐加热，水沸腾之后会出现水蒸气，再继续烧一会儿才停止加热，将易拉罐倒放入一盆冷水中，随着易拉罐发出一种声音，它的侧面向内塌陷，出现一个凹坑，为什么会出现这种现象呢？尽管这种现象学生在实际生活中可能遇到过，可是却不能很好地运用压强知识来解释，教师抓住有利时机告诉学生："当易拉罐被加热，易拉罐中的水沸腾之后会产生大量的水蒸气，水蒸气会将罐中的空气排出一大部分，但是当水蒸气遇冷之后，水蒸气重新液化成水，从而易拉罐内部的压强就会大大小于外部压强，易拉罐就会受到由外向内的巨大压力，由此出现凹陷现象。这种与学生生活实际紧密联系的教学情境与实验教学完美地结合在一起，不仅能大大提高学生的学习兴趣，而且也能够使学生产生探究的欲望，有利于教学效果的提高。

三、现代教学手段与实际教学相结合

物理这门学科建立在实验的基础之上，由于客观条件的限制，学生无法直接参与所有的实验操作，如一些物理现象的变化速度过快或者过慢，超出了人眼观察到的范围，为了使学生能够清楚地了解到整个过程的变化情况，教师可以将现代化的教学手段运用其中，从而学生无法用肉眼观察到的现象直接呈现出来，帮助学生深入理解物理现象、分析物理过程，进而总结其中的物理规律。例如，在学习"电流的磁场"这节内容时，学生很难比较直观地理解磁场的概念，再加上磁感线的分布规律也很不容易理解。如果采用传统的演示方法，学生不容易看清楚，非常浪费时间，这时教师非常有必要借用现代化的教学手段来演示这一规律。教师可以利用多媒体技术，将实验的演示结果直接呈现在大屏幕上，学生很快就能看清楚磁感线的分布情况，不仅能节省很多时间，而且有利于学生提高实验能力。

四、探究与实验相结合

一直以来，初中物理实验教学单一化、程式化，即教师在上课之前准备好实验器材，设计实验程序，学生在实验过程中只需要按照教师的要求机械地重复实验过程，这非常不利于学生培养自己的创造性思维能力。新课改要求学生在实验中不断提高自主思维能力，因此教师一定要突破传统实验教学模式的限制，要求学生根据实验目的自主设计实验过程，准备实验器材，力争为学生提供更好的探究合作机会。比如，在学习"浮力"这一节内容时，教师提前准备好一块铁块，要求学生自主设计实验过程，确定铁块是否掺杂了其他金属。根据教师提出的要求，学生自主探究实验程序，设计实验步骤，并阐述自己的观点。这样的探究式实验教学模式，不但能够提高学生自主设计实验的能力，同时也将能够培养学生的思维能力。

28. 核心素养下，初中物理实验教学的研究

物理是学生初中阶段才开始接触的一门自然科学，在这门学科的学习过程中，他们发现原本熟悉的生活现象背后蕴藏着无穷的科学奥秘，对物理知识充满新鲜感、好奇心。但由于传统物理教学模式单一，不利于学生主体性的激发，学生的好奇心也在教师的单向知识灌输过程中被磨灭。在提倡核心素养的教育改革新时期，初中物理教师必须认识到实验教学在这门学科学习过程中的重要作用，在将教材上的实验开全的基础上对实验教学进行创新，利用实验教学促进学生动手实践能力、科学探究意识、科学探究能力的提升。这对提升学生的核心素养，促进他们的全面发展和可持续发展具有重要作用。具体而言，在初中物理实验教学中培养学生核心素养，教师应该从以下几个方面做起：

一、对实验教学方法进行创新，培养学生实验操作技能

为了成功调动学生的学习积极性，达到提高学生实验操作技能的目的，教师要对实验教学方法进行创新。在实验教学开始阶段，教师要通过创设多样化的学习情境，成功激活学生的思维能力。在实验过程中，教师也要善于运用多样化的实验教学方法，对传统的演示实验进行改进，给学生动手操作的机会。教师可以将演示实验和分组实验有效结合起来，利用规范性和趣味性并重的演示实验激活学生思维，并且可以让学生在仔细观察的基础上开展分组实验，在实验过程中给学生充分的自主权，让学生分组自行设计实验、动手操作实验，并对实验过程、实验现象进行记录。在分组实验过程中，他们对物理概念、物理规律有更直观的认识，并经历科学探究过程。

例如，在电磁继电器内容学习过程中有一个关于"水位自动报警器"的演示实验，教师就可以在为学生演示水位自动报警器制作过程的前提下，让学生通过分组实验制作水位自动报警器。学生在分组实验过程中，在工作电源和其他实验材料的选择上，在将控制电路改装成水位电路的过程中，不再拘泥于教材当中的死知识，而是有改变、有创新，在分组实验过程中，他们的实验操作技能得到了有效提升，还养成了实事求是的科学态度。

二、以生活化的实验教学开阔学生视野，增强学生创新意识

在实验教学过程中，由于初中生缺乏实验操作经验，对实验器材特点、实验现象的观察等方面都缺乏知识技能储备，他们往往不敢动手实验，在动手操作过程中缩手缩脚，无法顺利完成实验。还有的学生虽然乐于动手操作，但是跟不上其他同学的实验节奏，教师又无法做到对每个学生进行全程指导，在有限的课堂实验时间当中，部分学生无法按时完成规定的实验，这些学生的实验操作往往不了了之，实验教学效果自然不佳。核心素养下，教师应该创新实验教学，让实验教学生活化，让生活走向物理。教师应该对教材上的实验进行创新，以贴近生活生产实际、符合初中生认知特点的实验来提高学生动手操作技能，开阔学生视野，增强学生创新意识。

例如，教师可以让学生将一枚生鸡蛋分别放在一杯清水和一杯盐水当中，让学生观察鸡蛋在其中的状态，通过鸡蛋沉入水底和浮到水面上两种不同现象探究鸡蛋所受浮力大小和液体密度之间的关系。再如，在学完"密度的测量"一节内容后，教师可以鼓励学生自行设计实验，对生活中的常见物品，如自行车、人体、陶罐等的密度进行测量。他们有的采用排水法，有的采用几何图形计算法，还有的将需要测量的不规则对象放置在容器内，再将容器中填上谷物，模仿阿基米德实验对物体密度进行测量。在实验过程中，他们不仅兴致高涨，还做到了学以致用，提高了利用所学知识解决实际问题的能力，实验过程中他们的创新意识、创新能力也得以发展。

三、设计可以启发学生思维的探究性实验，提升学生科学素养

传统实验教学是教师说实验、学生背实验的过程，核心素养下，教师必须对实验教学进行改革创新。教师应该设计可以启发学生思维的探究性实验，让实验课堂变成学生主动探究解决问题的过程。在探究过程当中，他们的思维被成功激活，在积极探索解决问题方法并设计实验解决问题的过程中，他们的科学素养得到有效提升。科学分组，提高小组合作探究的有效性是探究性实验成功开展的前提。教师首先要依据优势互补原则对学生进行科学分组，让每名学生的优势都能够在合作探究过程中成功体现。

例如，在"测定值电阻和小灯泡电阻"探究实验开展过程中，小灯

泡不亮、电压表无示数等问题经常出现。教师就可以引导学生根据之前学过的电路故障分析、处理的经验，探讨电路故障产生的原因，并采取有效措施解决问题。在主动参与实验过程、合作探究故障产生原因、思考如何解决问题并付诸实践的过程中，他们不仅进一步提高了动手操作技能，还培养了严谨的科学态度，这对他们提升核心素养而言极为重要。

总而言之，核心素养下的初中物理实验教学要将培养学生综合实验能力、提升核心素养放在首位。教师应该在实验教学过程中大力改革创新，为学生创造更多动手实践机会，让学生在主动探究过程中提高实践技能、提升核心素养，从而促进学生的全面发展。

29．走进新课堂，感悟新境界

要想深入地推进新课改，首先要下功夫进行有效性自主学习的研究与探讨，创设新课标下课堂教学的新境界。

新境界之一：有话总爱跟老师讲，有事总爱找老师帮

学生被动学习乃至厌学的原因之一，就是在他们眼中知识是枯燥乏味的、是灰色的。要改变这种现象，就要善于发掘蕴含于知识本身的情感，并善于艺术性地赋予知识以情感。有了情感，知识就有了生命，学生就会感受到其中的魅力和价值。对于自己感到有魅力和价值的东西，学生怎能不孜孜以求呢？在传统的课程实施中，我们往往容易忽视其中的"情感"。有好多教师认为，只要做到"传道、授业、解惑"，就是尽了自己的责任。只要尽了这个责任，那么教师的所作所为、教师的付出都是正确的。其实不然，新的课程不仅仅是要求我们"传道、授业、解惑"，即使是为了"传道、授业、解惑"，没有情感的教学也是没有生命力的。对学生而言，积极的情感比渊博的知识和高度的责任感都重要。带着沉重的惶恐感，学生怎么能自主学习呢？如果沉甸甸的责任和渊博的知识伴随着的是漠然的神情，那么带给学生的只能是被动消极乃至失望、沉沦和彷徨。

学校里的学习，是师生每时每刻都在进行的心灵接触。教师的良好情感能引发学生积极的情感反映，要使学生主动学习，教师就要善于营造情感交融的良好氛围，把更多的"情"和"爱"注入平日的教育教学，要给学生以足够的心理安全感，这样学生才能带着信心和勇气主动投入自主性的学习活动中。要给学生以丰富的情感，教师应该用一颗童心对待学生。教育是针对人的，而且是初为人的人。正如陶行知先生所说，"我们必须变成小孩子，才配做小孩子的先生。"教师只有怀着一颗童心才能走进学生的心灵世界，也只有这样，教师才能去感受他们的喜怒哀乐，也只有这样，师生才会成为朋友，学校才会成为乐园。要给学生以丰富的情感，教师还要用微笑来赢得学生的微笑。一个慈爱的眼神，一次轻轻地抚摸，一份小小的礼物，都会使学生如临春风，如沐时雨。要给学生以丰富的情感，我们还要把富有激励、呼唤、鼓舞和关注性的语言当作传递情感的灵丹妙药。在教学过程中，教师要善于把命令式的、居高临下式的语言转化成商量式的、平等交流式的语言，把生硬冰冷的语言变成富有感情色彩的语言。只有在上述富有情感的平等和谐的交流中，学生才能"有话总爱跟老师讲，有事总爱找老师帮"。这种"求学"的境界，也正是学生主动学习、自主发展的重要标志。

新境界之二：既要放得开，又要收得拢

"放得开"是指教师不要怕孩子暴露问题，要解放孩子的身心，要尊重学生的思维成果。"收得拢"是指在尊重孩子多种答案的基础上，还要引导他们推敲出尽可能完美的答案。学生能够经常说"我想……""我要……""我能……""我来做……""我认为……"。这是学生投入了自主性学习的又一标志，要达到这样的愤悱状态，教师就不能轻易否定学生的思维成果，不要把自己的意见强加给学生，要允许学生对问题有独特的见解。在老师眼里，学生设计出的办法、方案只要不是原则性的错误，都应予以肯定，即使是一些看似错误的回答也可能蕴含着创新的火花。这样，每个学生都能自始至终情绪高昂地参与整个教学过程，感受到学习的快乐。试想，如果学生绞尽脑汁思考出的答案，虽然自认为言之有理，但因为不符合老师的标准答案而被一棍子打死，学生怎么再畅所欲言、积极思维呢？教师要适时地对学生在探索中所出现的"闪光点"进行鼓励。正确的探索结论要鼓励；对于错误的观点，教师也要婉转地向该生提出他的观点中所存在的漏洞和其他错因，这些错误也可以通过学生的合作交流，由参与交流的其他学生提出，从而引起该生本人的深入思考。当然，对于学生出现的原则性错误我们不能视而不见，我们应在肯定其合理性的基础上帮助他分析错因，使他在心服口服的前提下走向成功。还要注意，在学习过程中，对于学生提出的不同结论，如果讲得有道理，教师就应该给予肯定，即便是与教材中的叙述有所出入，教师也不应该硬将教材中的结论强加给学生，因为任何知识的学习都要经历由不完整到完整的过程。让学生真实地坦诚自己的想法，尊重孩子的思维成果，不轻易否定孩子在认真思索的基础上的答案，学生才会"放下包袱、开动机器"，才会"百花齐放、百家争鸣"。同时，在引导学生进行发散思维的基础上，我们还要引导学生相互比较鉴别，把发散的思维再回笼起来，这样就有利于培养学生思维的系统性、严谨性和深刻性。

新境界之三：学生自由组合、自由发挥

我们的新课改强调的是"自主、合作、探究"的教学方式，它呼唤与之相适应的新课堂教学组织形式的诞生。在新课改实践中，我们应该推出许多以人为本的课堂教学组织形式——"歌舞晚会式""答记者问式""拔河式"等，构建民主的、交流的、开放性的课堂气氛，有利于改变教师对课堂的垄断地位。如何创建多维互动的、有利于学生自主的教学组织形式？如何使这些形式不流于形式？我们应提倡"三主""三不"的组织原则，让学生在活动中学、在玩中学，以"活动"为主，不"锁住"学生；让学生围绕教学目标自主选择教学内容，自主选择喜欢的学习方法，以"发现"为主，不"代替"学生；让学生在知识探索的过程中去发现结果或规律，教师不做现成饭喂给学生，以"鼓励"为主，不"钳制"学生。这样的课堂，少了不该有的条条框框，多了应该有的自由与宽容，多了促进自主学习应该有的自信和勇气，在这种不拘一格的教学形式中，在这样和谐融洽的氛围中，学生的手指灵活了，思维的闸门开启了，迸发出了智慧的浪花，激荡起创新的激情和成功的欢欣，教师的劳动也涌现出了创造的光辉和人性的魅力。

新境界之四：抢抓稍纵即逝的教育资源

在传统的计划课堂下，我们的教师唯教案独尊，不敢越教案半步。对于教学过程中遇到的一些意外情况，要么把学生毫不客气地训斥一顿，要么自己被气得七窍生烟乱了方寸。在新课改的背景下，我们要重新确立教育资源观。教育资源无处不在，瞬时即逝的教育资源尤其宝贵。生活中不是缺乏教育资源，而是缺乏善于发现和有效利用教育资源的眼睛。对于那些在教案之外和常规课堂内外突然出现的有用教育资源，尤其需要我们积极对待，即时抓取。

30. "因材施教，分层教学"在物理教学中的应用

一、实施"因材施教，分层教学"的必要性和可行性

1. 符合学生知、情、意的发展规律

因材施教原则要求教学既要面向全体学生提出统一要求，又要根据学生的个别差异区别对待，促进每个学生在原有基础上都能有所进步、有所发展。由于学生的遗传因素、心理素质及环境、教育、实践活动，以及个性特征等方面的差异，学生不可能处于同一层次。物理教学实施"因材施教，分层教学"，深入了解学生，强调个性差异，注重发挥每个学生的积极性，使他们的才能都得到充分的发展，这也正是因材施教原则的体现。

2. 符合素质教育的需要

对于每一个学生来说，将来不管他做什么事情，朝哪个方向去发展，素质教育都将是十分有意义的。当今素质教育的确已成为教育的焦点，但素质教育还必须通过各学科教学来落实。物理教学中实施"因材施教，分层教学"，是将学生的全面发展教育和个性发展教育和谐统一的现代教学方法，它将每一位学生都纳为教育对象，并提出各自能接受的要求和目标，使他们能够有效地在其最近发展区内拓展自己的能力，提高自身素质。

二、实施"因材施教，分层教学"的具体操作

1. 学生分层

多方了解每一位学生，根据学生的知识基础、学习能力，将学生分为不同层次。为了便于操作，一般可分为 A、B、C 三个层次。如班上共 70 名学生，依学生具体情况可分组为：A—优等层，15 人；B—中等层，35 人；C—希望层，20 人。当然，学生在哪个层次要视其学习发展情况，按"进则上，退可下"的原则灵活进行调整。

2. 教学目标分层

在教学目标统一的基础上，对各层学生提出不同的目标。对学习较差的学生，以达基础目标为主，识记归纳为重点；对中等层次的学生，设置较高一点的目标，让他们经过思维探索，"跳一跳"后有更多收获；

对优等层的少数学生，设置更高一些的目标，以运用创新为重点，让他们觉得还有东西要学。

3．作业分层

以基础题帮助希望层的学生巩固知识，增强学习物理的信心；布置难度稍高的中档题给中等层次的学生；拔高、创新、探索类的能力题给优等层的学生。一言以蔽之：差生吃得了，好生吃得饱。

4．课外辅导分层

给后进生补缺，进行学法指导；指导中等生、优等生进行课外小实验小制作，激发他们的求知欲；对优等生进行物理竞赛辅导和自学辅导。

三、实施"因材施教，分层教学"应注意的问题

1．分层要谨慎

分层前要通过班主任、家长会等途径做好宣传发动工作，并深入了解学生的物理学习情况，在学生自由选择的基础上进行分层。分层后要进一步做好细致的思想工作。C层学生易产生自卑感，应多予以认可和鼓励。A层学生易产生骄傲情绪，应予以激励引导，让他们知道学无止境。教学实施一段时间后，视学生的发展情况，灵活、动态地进行层次微调。

2．层次目标定位原则

目标定位应遵循：①下保上不封。保证差生达到大纲、教材的基本要求，使中等生向上分化，允许好生超大纲学习。②"跳一跳"原则。心理学家维果斯基提出了"最近发展区"的概念，认为只有走在发展区前面的教学，才是良好的教学。"跳一跳"就是要给各层学生提出在教师的帮助下，通过自己的努力能够解决困难的目标，使教学活动走在发展区前面。

3．教师的角色转变

教师教育观念的转变是实施"分层教学"的前提，传统的教学方法、教学目标、教学评价都带有很浓的同一性、强制性，"一刀切"式缺乏对学生差异的尊重和关注。实施分层教学，首先，教师要做好观念转变。真正理解"人才"的内涵，而不要仅仅只用成绩来衡量学生的好坏。其次，教学方法要改变。要以多种方法激发学生学习物理的兴趣，

保护学生的自信心和好奇心，引导学生先参与学习后主动学习，感受获取知识的喜悦。再次，师生关系的转变。改变师生间命令与服从式的交往，成为合作式、朋友式的新型师生关系，尊重学生，多鼓励少训斥。

经过近半年来各班物理教学实践情况的综合分析可以看出："因材施教，分层教学"在减轻学生过重的学习负担，激发学生学习热情和对自我能力的肯定，形成稳定、良好的学习态度，以及优化学科学习环境、提高学习效率有着良好的效果。同时，也锻炼了教师的教科研能力，有效促进了教师教学观念的转变。

31．巧记规律妙解题

当物体到凸透镜的距离在不同的区间内时，凸透镜成像的性质不同，同学们在记忆凸透镜成像规律时，常常发生混淆，这里给同学们介绍一种巧记凸透镜成像规律的方法。

凸透镜成像规律口诀：物近像大远，两个分界点，一倍焦距分虚实，二倍焦距定大小。

下面结合图1讲解这四句话的含义。

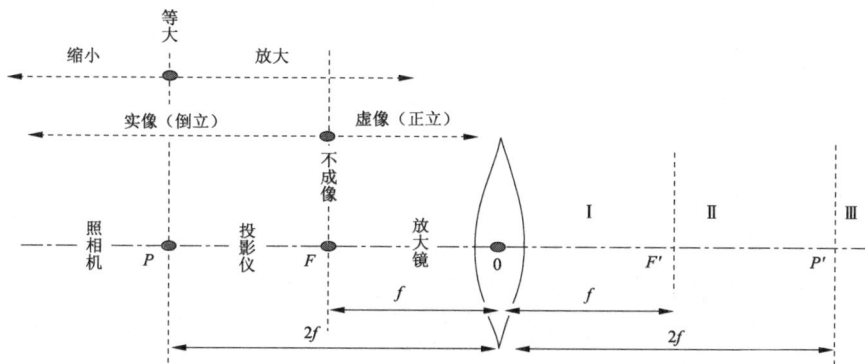

图1　凸透镜成像规律示意图

1．物近像大远

这只适用于凸透镜成实像的情况。在凸透镜成实像时，物体靠近凸透镜，像远离凸透镜，并且像比原像大。而对于凸透镜成虚像时，物体靠近凸透镜，像也靠近凸透镜，像变小。

【例1】　放映幻灯机时，为了在屏幕上得到更大的像，那么应采取的措施是（　　）。

A．幻灯机离屏幕远一些，镜头与幻灯片的距离调小一些

B．幻灯机离屏幕远一些，镜头与幻灯片的距离调大一些

C．幻灯机离屏幕近一些，镜头与幻灯片的距离调大一些

D．幻灯机离屏幕近一些，镜头与幻灯片的距离调小一些

分析　根据"物近像大远"，要使实像大一些，物体就必须靠近凸透镜，像则远离凸透镜，所以选 A。

【例2】 老奶奶用放大镜看报时，为了看到更大的清晰的像，她常常这样做：（ ）。

A．报与放大镜不动，眼睛离报远一些

B．报与眼睛不动，放大镜离报远一些

C．报与放大镜不动，眼睛离报近一些

D．报与眼睛不动，放大镜离报近一些

分析 根据凸透镜成虚像时，物远像大，选 B。

2．两个分界点

两个分界点分别是一倍的焦距点 F 和二倍的焦距点 P。

3．一倍焦距分虚实

物体在距凸透镜一倍焦距以内时成虚像，虚像是正立的；物体在距凸透镜一倍焦距以外时成实像，实像是倒立的，而物体在一倍焦距点上时不成像。

4．二倍焦距定大小

物体在距凸透镜二倍焦距以内时成放大的像，在二倍焦距以外时成缩小的像，而在二倍焦距点上时成等大的像。

综上所述，结合图 1 很容易知道：

（1）当 $u > 2f$ 时，成倒立缩小的实像，此时 $f < v < 2f$，照相机就利用了这个原理。

（2）当 $u = 2f$ 时，成倒立等大的实像，此时 $v = 2f$。

（3）当 $f < u < 2f$ 时，成倒立放大的实像，此时 $v > 2f$，投影仪或幻灯机就利用了这个原理。

（4）当 $u < f$ 时，成正立放大的虚像，放大镜就利用了这个原理。

根据上述介绍，同学们记住凸透镜成像的规律了吗？让我们来做一做。

【例3】 凸透镜的焦距是 15 cm，当物体放在距离焦点 5 cm 的位置时，所成的像一定是（ ）。

A．倒立的 B．正立的 C．放大的 D．虚像

分析 在距离焦点 5 cm 的位置有两种情况，如图 2 中的 A 点和 B 点，物体所成的像可能是倒立放大的实像，也可能是正立放大的虚像，所以选 C。

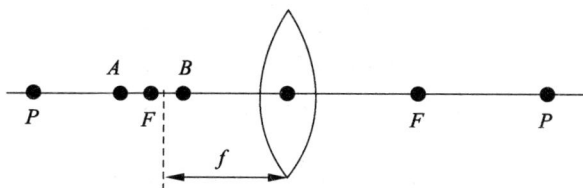

图2 凸透镜成像规律实验探究

【例4】 当物体距离凸透镜为 16 cm 时，在另一侧的光屏上得到一个倒立放大的实像，如果物体向着凸透镜靠近 10 cm，移动光屏后能否在光屏上得到像？

分析 已知当 $u = 16$ cm 时，成倒立放大的实像，由 $f < u = 16$ cm $< 2f$ 得出 8 cm $< f < 16$ cm，又因为 $u' = 6$ cm，所以 $u' < f$，此时成正立放大的虚像，而虚像是不能呈现在光屏上的。

32. 殊途同归，各有千秋

——一道光学作图题的几种解法

在中考试题中，一题多种做法的作图题，能较好地考查学生对所学基础知识的掌握，更重要的是考查学生对所学知识的融会贯通和实际解决问题的能力，同时更利于培养学生思维的灵活性，开拓学生的解题思路，对培养学生的创新精神和发散思维起到非常重要的作用。下面以一道中考作图题为例。

【例】 如图1，光线 AO 沿着与水平方向成一定角度射到 O 点，然后沿着水平方向 OB 射出，试问在 O 点可放什么光学元件？

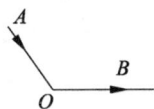

图1 光路示意图

分析 同学们可根据已经学过的光的反射定律和光的折射规律来思考此类问题。

思路一 利用光的反射定律来思考。由反射光线和入射光线作出法线（即夹角的角平分线）是解决这类问题的关键，再由法线的位置来确定平面镜的位置。

方法1 添加平面镜，如图2作出入射光线和反射光线夹角的角平分线 OE，然后过 O 点作 OE 的垂线 MN 即为平面镜。

方法2 添加凸面镜，如图3作出入射光线和反射光线夹角的角平分线 OE，然后过 O 点作 OE 的垂线 CD，再作过 O 点以 CD 为切线的圆弧 MN 即为凸面镜。

方法3 添加凹面镜，如图4作出入射光线和反射光线夹角的角平分线 OE，然后过 O 点作 OE 的垂线 CD，再作过 O 点以 CD 为切线的圆弧 MN 即为凹面镜。

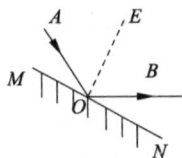

图2 利用平面镜反射　图3 利用凸面镜反射　图4 利用凹面镜反射

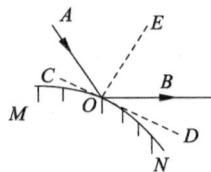

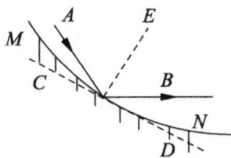

思路二 利用光的折射规律来思考，可分别从两个方面来考虑：一

类是光在两种不同的介质表面发生折射，由折射光线和入射光线分居法线两侧，作出法线和界面，从而确定两种介质的种类；另一类是光通过凸透镜或凹透镜发生折射，先由入射光线作出主光轴，再由透镜的会聚或发散作用确定是何种透镜。

方法 4　如图 5 过点 O 作一条直线 MN，使入射光线 AO 和折射光线 OB 分别位于直线 MN 的两侧，再过点 O 作直线 MN 的垂线 EF，EF 即两种介质的界面，根据入射角和折射角的大小可以判断两种介质分别是空气和玻璃。

方法 5　如图 6 在折射光线的下方作一条平行于折射光线的虚线作为透镜的主光轴，则该透镜为凹透镜。

方法 6　如图 7 在折射光线的上方作一条平行于折射光线的虚线作为透镜的主光轴，则该透镜为凸透镜。

方法 7　如图 8 在入射光线的下方作一条平行于入射光线的虚线作为透镜的主光轴，则该透镜为凹透镜。

方法 8　如图 9 在入射光线的上方作一条平行于入射光线的虚线作为透镜的主光轴，则该透镜为凸透镜。

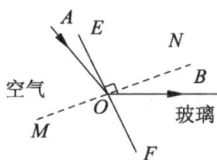

图 5　利用两种不同介质折射　　图 6　利用凹透镜折射 I　　图 7　利用凸透镜折射 I

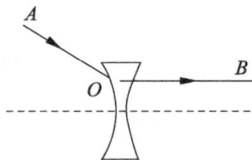

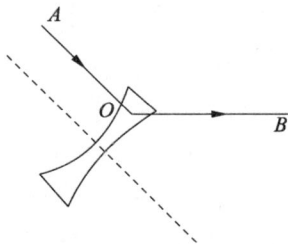

图 8　利用凹透镜折射 II　　图 9　利用凸透镜折射 II

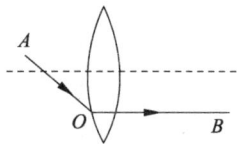

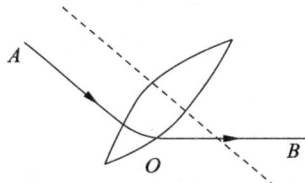

综上所述，同学们可以从不同角度、不同方面去展开对一类问题的思考，这样可以拓宽同学们的解题思路，有效地提高同学们分析问题、解决问题的能力，可谓殊途同归，各有千秋。

33. 规律一出现，解题一大片

凸透镜成像规律是该章学习的重点和难点，利用凸透镜成像规律来解决问题也是中考的重点。下面就其中的一类问题讨论它们的巧妙解法。

【例1】 如图1所示，甲、乙、丙、丁是镜头焦距不同的四架照相机，它们所用的底片规格是相同的。分别用它们在同一地点拍摄同一景物。我们判定，在图2中，照片＿＿＿＿是用相机甲拍摄的，照片＿＿＿＿是用相机乙拍摄的，照片＿＿＿＿是用相机丙拍摄的，照片＿＿＿＿是用相机丁拍摄的。

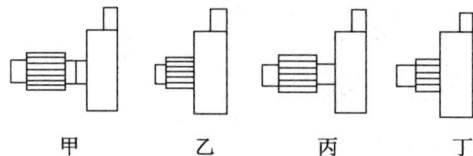

甲　　　　乙　　　　丙　　　　丁

图1　焦距不同的照相机

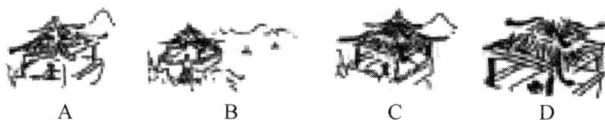

A　　　　B　　　　C　　　　D

图2　不同的照相机拍摄的照片

分析 根据图1和图2可以看出，像的大小不同，像距的大小（即镜头伸出的长短）也不同。由于在凸透镜成实像时，物体靠近凸透镜，像远离凸透镜，并且像和原来的像比越来越大，即"物近像大远"。根据"像大远"的道理，即像大，像距也大。由于此题中像的大小顺序（由小到大）为 B、A、C、D，像距的大小顺序（由小到大）为乙、丁、丙、甲，因此本题的答案为 D、B、C、A。

在中考中，许多问题利用"物近像大远"的道理来做非常简单，大家动手试一试。

【例2】 小明给他的几位好朋友拍了一张集体照，他的朋友们看了照片后都不满意，特别是站在前排最右边的小华，只看到半张脸，如图

3 所示。他们要求小明重新拍照，小明应吸取怎样的教训？（   ）

A. 照相机应离人远一些

B. 照相机应离人近一些

C. 照相机应向左移动一些

D. 照相机应向右移动一些

图 3　集体照

分析　想让小华的像全部呈现在照片上，则像的大小要小一些。根据"物近像大远""物远像小近"的道理，选 A。

【例 3】　小刚用已调节好的照相机将位于充满水的水池底部的一个美丽图案拍摄下来，当把水池中的水排掉后，小刚仍想在原位置用此照相机拍到这个图案的清晰照片，则他应调整照相机，使镜头_____（选填"前伸""后缩"或"不动"）。

分析　如图 4，当水池中装满水时，由于光的折射，水池底部的美丽图案向上靠近了一些；当把水池中的水排掉后，照相机的凸透镜位置不变，相当于物距变大。根据"物近像大远"那么"物远像小近"的道理，像距变小，所以镜头"后缩"。

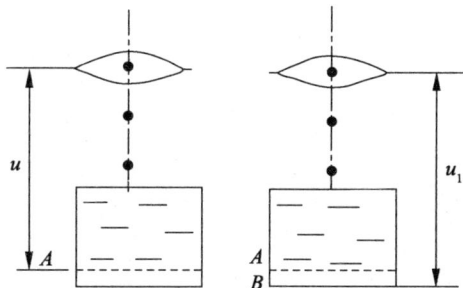
图 4　水池边拍照

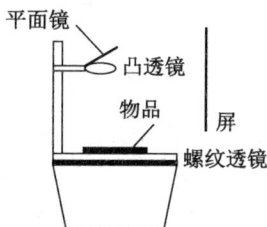
图 5　投影仪示意图

【例 4】　投影仪是教学中常用的仪器，投影仪的结构如图 5 所示。在水平放置的凸透镜的正上方有一与水平面呈 45°的平面镜，右边竖直放一屏幕。物体发出的光线经过凸透镜和平面镜后，可在屏上成一清晰的像。教师在使用投影仪时，发现在屏幕上的画面太小，正确的调节方法是（   ）。

A. 减小投影仪与屏幕间的距离，下调凸透镜，减小凸透镜到物体间的距离

B．减小投影仪与屏幕间的距离，上调凸透镜，增大凸透镜到物体间的距离

C．增大投影仪与屏幕间的距离，下调凸透镜，减小凸透镜到物体间的距离

D．增大投影仪与屏幕间的距离，上调凸透镜，增大凸透镜到物体间的距离

分析 要想使屏幕上的画面大一些，根据"物近像大远"即要像变大，那么物体靠近凸透镜，即减小凸透镜到物体间的距离，而光屏要远离凸透镜，即增大投影仪与屏幕间的距离，所以选 C。

34. 两道设计型创新实验题的解析

设计型实验题具有综合性、开放性、探索性和创造性等特点，是中考对考生实验能力高要求的体现。现举两例供参考。

【例1】　用身边的器材做实验，探究物理规律，是学习物理的好方法。用一个圆柱形平底玻璃杯、一块厚海绵和水就可以做不少实验，请写出其中两个，说明实验方法及研究的问题。

实验一：_____。

实验二：_____。

【例2】　在初中物理实验中，常常用长方体木块作为实验器材来研究一些问题，现在请以长方体木块作为实验器材之一，可以适当添加其他辅助器材，设计三个实验来研究或说明相关的物理问题。（力、热、声、光、电均可）

表：实验设计记录

	添加主要器材	主要实验过程	研究或说明的物理问题
示例	细绳、小车	将木块竖放在小车上，用细绳突然拉动小车向前运动，木块向后倒下	木块具有惯性
设计一			
设计二			
设计三			

分析　以上两例主要考查学生：① 对所学实验的原理、器材的理解；② 灵活运用知识的能力；③ 在不同情况下迁移知识的能力。

例1要求"选择已知的简易器材"设计出两个力学实验；而例2则要求"任意添加部分实验器材"设计出三个实验，都具有一定的难度。解答此类题目的关键是理解实验原理。

对例1的设计方案如下：

实验一：① 手压海绵，海绵变形，说明力可以改变物体的形状；② 将玻璃杯放在海绵上，向杯中倒水越多，海绵形变越大，说明压力的作用效果与压力的大小有关；③ 将圆柱形平底玻璃杯分别正放和倒放在海绵上，观察海绵形变程度，说明压力的作用效果与受力面积的大小有关。

实验二：将手指插入玻璃杯的水中，透过玻璃杯观察手指的变化，研究光的折射现象。

对例 2 的设计方案如下：

示例 添加的主要器材：弹簧测力计、细线。

主要实验过程：将弹簧测力计竖直放置，用细线将木块挂在弹簧测力计挂钩上，木块静止时，弹簧测力计有读数。

研究或说明的物理问题：木块受到重力。

设计一 添加的主要器材：弹簧测力计、木板、毛巾、砝码。

主要实验过程：将木块分别放在木板、毛巾上用弹簧测力计匀速水平拉动；将砝码放在木块上，再将木块放在木板上匀速拉动。

研究或说明的物理问题：摩擦力大小与压力大小、接触面的粗糙程度有关。

设计二 添加的主要器材：海绵。

主要实验过程：将木块分别平放、竖放、侧放在海绵上，观察海绵的凹陷情况。

研究或说明的物理问题：压力的作用效果与受力面积大小有关。

设计三 添加的主要器材：烧杯、热水。

主要实验过程：将木块的一端放入热水中，手握另一端不觉得热。

研究或说明的物理问题：木块是热的不良导体。

35. 生活经验可靠吗

生活中的热现象很多，大家在这方面也积累了不少经验。在学过热现象后可能会发现，原来一直认为是正确的，有时也可能是错误的。一起来看看吧！

经验1：井水冬暖夏凉，可见井水的温度冬天比夏天高

【分析】 在寒冷的冬天，将手伸入刚从井里提上来的水中，会感到比较暖和；炎热的夏天，将手伸入刚从井里提上来的水中，会感到比较凉爽。井水的冬暖夏凉并不是井水的温度发生了很大变化，更不可能是井水的温度冬天比夏天高，而是由于外界地面的温度变化很大造成的。井水是聚集在地下深处的水流入井里而形成的，井水的温度同地下深处泥土的温度差不多。夏季太阳出来，地面温度很快上升，但地下的温度不会升得较快，这时井水的温度总比地面上空气的温度低；冬天寒风一起，地面的温度很快下降，地下的温度却不会降得较快，这时井水的温度总比地面上空气的温度高。由此可见，井水冬暖夏凉只是我们的感觉，事实上井水的温度冬天比夏天低。

经验2：冷水的灭火效果比热水好

分析 按生活经验，好像冷水的灭火效果比热水好，然而通过实验却证明沸水的灭火效果要比冷水好十多倍。这是什么道理呢？可以做一个小实验：将冷水浇在烧热的金属锅上，金属表面只会出现一粒粒水银般透亮的水球；而将沸水浇在上面，则马上形成一层水蒸气。正是这些水蒸气把燃烧物与氧气隔离开来，从而起到灭火的作用。

经验3：开水一定烫手

分析 开水是指经过加热，温度达到沸点的水，但水的沸点并不是固定的，它与水面上方的气压有关。一般而言，水面上方的气压增大，水的沸点就会升高，反之就会降低。物理学中规定，在1个标准大气压下，沸水的温度是100 ℃。但在一些特殊情况下，如在高山上、高原上，由于水面上方的气压较小，水的沸点会变得较低，有时只有七十多度，饭菜都煮不熟，故而开水不一定烫手。

经验 4：冬天呼出的"白气"就是水蒸气

分析　水蒸气是一种无色、透明的气体，人的肉眼是看不到的。冬天从嘴里呼出的水蒸气遇冷液化成小液滴，这就是我们看到的"白气"。其实生活中看到的很多"白气"都不是水蒸气。

看完这几个事例，是不是再也不敢完全相信生活中的经验了？别担心，只要对生活中的各种现象认真地观察、科学地思维，透过现象看本质，就能掌握现象的客观规律。

36. 天空的颜色之谜

　　每天早晨我们睁开熟睡的眼睛，透过窗户看向天空，通过天空的颜色就可以判断今天的天气情况。天空的颜色大部分是蓝色的，有时也呈现出红、橙、黄、靛、紫、白、黑的颜色。唯独没有绿色，为什么呢？

　　首先要明白一个道理：我们周围的事物之所以显现出颜色来，仅仅是因为阳光照射着它们。虽然阳光看上去是白色的，但是白光其实是由红、橙、黄、绿、蓝、靛、紫混合而成的，天空里有这么多颜色，为什么平时看到的大部分只有蓝色呢？如果将光线设想为波浪，就可以猜破这个谜了。

　　光其实是像波浪那样在运动的。设想一下一滴雨落在一个水洼里的情景，当这滴雨落到水面上时，就会产生小波浪，波浪一起一伏地变成更大的圈，向着四面八方扩展开去。如果这些波浪碰上一块小石子或一个别的什么障碍物，它们就会反弹回来，改变了波浪的方向。而阳光从天空照射下来，一样会连续不断地碰到某些障碍。因为光必须穿透的大气层是由许许多多微小的微粒组成的，其中99%不是氮气便是氧气，其余则是污染微粒，来源于汽车的废气、工厂的烟雾污染。光线从这些众多的小"绊脚石"上弹回，自然也就改变了自己的方向。可是那么多颜色的光改变了方向，为什么大部分时候只有蓝色被看到呢？

　　还得回到刚才说的那个水洼里。在水洼里，小的波浪遇到小石子，水面便被搞得混乱不堪；但如果是一个"巨浪"，就像用手在水洼边掀起的那种"巨浪"，它就有可能干脆从石头上溢过去，畅通无阻地到达水洼的对面边缘，那么就像有大波浪和小波浪一样，各种各样颜色的光波也有不同的"波浪"，也就是波长。不过它们可不像水波的波浪，我们用肉眼是看不出它们的大小的，因为它们小得难以想象，只是一根头发的一百分之一！

　　根据科学家的测定，蓝色光和紫色光的波长比较短，相当于"小波浪"；橙色光和红色光的波长比较长，相当于"大波浪"。当遇到空气中的障碍物时，蓝色光和紫色光因为翻不过去那些障碍，便被"散射"得到处都是，布满整个天空，天空就是这样被"散射"成了蓝色。发现这种"散射"现象的科学家叫瑞利，他是在130年前发现的，他是一名诺贝尔奖获得者。

用"散射"现象就可以解释下面这些天象了：比如天空是蓝色的，可是在地平线天地相接的地方，天空看上去却几乎是白色的，为什么？这是因为阳光从地平线到这个地方比起它直接从空中洒落下来，需要在空气中走更远的路程，而在路上它所擦过的微粒子也自然就要多得多，大量的微粒子多次散射光，所以显得白中透着淡蓝。太阳落山时的傍晚，天空不显现蓝色而显现红色，正在下落的太阳也变成暗红色，也是一样的道理。由于傍晚的光在照射到这个地方的路上遇到众多的微粒，使得阳光中紫色和蓝色的部分往四面八方散射开去，仅留下一点点肉眼看得见的橙红色光线，因为它们的波长长、"波浪大"，翻过了路上的障碍。

根据上述理论可知，通过看天空的颜色可以判断大气被污染的情况。红色明暗的不同反映着污染物的厚度，当污染格外严重时，太阳看上去就像一只暗红色的圆盘，在它到达地平线之前，它的颜色就会逐渐褪去，傍晚的天空能揭示出大气受污染的情况。天然的"污染"也会影响天空颜色，但至少污染物颗粒通过天空颜色的微妙变化显示了它们的存在。城市日落一旦出现暗红色，那便是对我们的警告。我们应当禁止污染物排入大气，只有这样，才能保证我们的子孙后代能够继续欣赏到明朗的天空。

绿色是大地的专属，既然白光中也包含绿光的成分，为什么天空中却折射不出来呢？先让我们看看绿色的特殊位置，把可见光分成7种颜色，绿色刚好在中间，顺数反数都是第4种。天空的颜色是空气中的微粒对光散射、吸收、折射等作用的综合结果，作用的强弱跟光波的波长有关，日出到日落，或者最长波占优，或者最短波占优，而波长在中间的绿色光波，两边都难占优势，于是难见到。

大地的情况：绿色主要是为了进行光合作用，一般的叶子叶绿素最多，于是远看大地一片绿。如果问为何叶子选择绿色？叶子绿色的光学原理是因为叶子只反射绿色光，吸收其他颜色光。绿色光的波长位于可见光的中间位置，叶子很少吸收，它主要吸收两边的长波光和短波光。在天空中，长波光和短波光都易被曝光，中间的绿色光最隐蔽，所以天空的颜色唯独没有绿色。

37. 通过眼镜了解眼睛

【例】 如图1所示，为研究视力矫正问题，小明和小华同学用凸透镜和光屏模拟眼睛，凸透镜看作眼睛的_____，光屏看作_____。

图1 模拟视力矫正图

（1）小华将蜡烛、凸透镜、光屏放在水平的桌面上，调整蜡烛、凸透镜、光屏的位置和高度，使烛焰中心、透镜中心、光屏中心位于同一直线上，且三者高度相同。点燃蜡烛，将近视眼镜放在烛焰和凸透镜之间，移动光屏的位置，直至光屏上出现烛焰清晰的像；取走眼镜，屏上的像变模糊了，再向凸透镜方向移动光屏至某一位置时，屏上的像又变清晰了。以上现象说明：①_____；②_____。

（2）小明将远视眼镜放在烛焰和凸透镜之间，移动光屏的位置，直至光屏上出现烛焰清晰的像；取走眼镜，屏上的像变模糊了。此时要使屏上的像变清晰，应向_____（选填"凸透镜""远离凸透镜"或"竖直向下"）方向移动光屏，因为远视眼镜对光线具有_____（选填"会聚"或"发散"）作用。

【思路点拨】 （1）眼睛是一个非常精密的光学系统，眼睛中的晶状体会聚光线，并将物体的像成在视网膜上，因此，眼睛里晶状体的作用类似于凸透镜，视网膜类似于光屏。根据题中实验现象和过程可知：当把凸透镜前的近视眼镜拿去后，承接烛焰清晰像的光屏要靠近凸透镜，说明近视眼镜对光线有发散作用，近视眼镜是凹透镜。由此可知，近视的眼睛对光线的会聚作用较强，戴上眼镜后，像成在视网膜上；不戴眼镜时，像成在视网膜的前面。

（2）远视眼镜是凸透镜，对光线有会聚作用，使成像更靠近凸透镜（晶状体）。当凸透镜前的远视眼镜（凸透镜）拿去后，光线会聚作用减弱，成像变远。因此光屏需远离凸透镜一些才能再次接收到清晰的像。

【评注】 在学习眼睛的问题上，同学们要结合凸透镜成像规律来学习；在研究视力矫正问题时，同学们要根据近视眼和远视眼的成因，根据实验过程和现象进一步认识近视眼镜和远视眼镜各是什么透镜。

【巩固提高】 小明进行"视力的矫正"探究活动，他将自己戴的近视眼镜放在蜡烛与凸透镜之间，如图2在光屏上得到了一个倒立缩小的清晰实像，拿开眼镜后，光屏上的像变得模糊了。

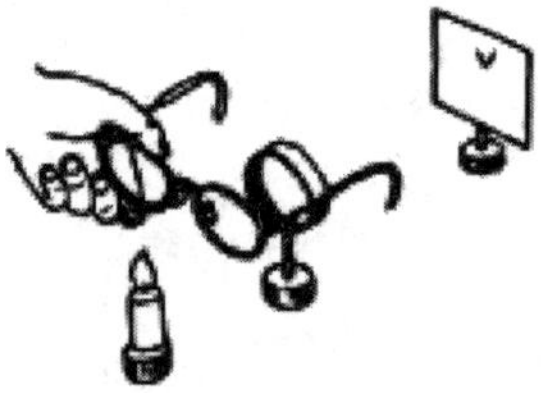

图2 视力的矫正探究

（1）小明为了使光屏上的像重新变得清晰，在不移动光屏和凸透镜位置的前提下，他该_____。如果他不戴眼镜看书，应该将书_____（选填"靠近"或"远离"）眼睛。

（2）如图3所示的四幅图中，正确表示近视眼成像情况的是_____图，其矫正做法是_____图；表示远视眼成像情况的是_____图，其矫正做法是_____图。

【答案】 （1）将蜡烛向凸透镜靠近、靠近；（2）A、C、B、D

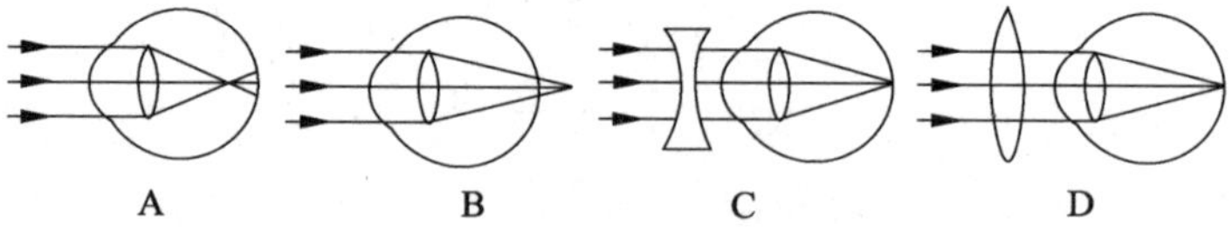

图3 近视眼远视眼及矫正

38. 学熔化凝固，解生活疑惑

学好熔化凝固的知识，对于生产和生活都有很大的帮助。下面列举几个应用与同学们共享。

疑惑1：若某种物质需在0℃下保存，可将盛有这种物质的容器浸没在1个标准大气压下的冰水混合物中。为什么？

分析 若气温高于0℃时，空气向冰水混合物放热，使冰吸热熔化，但冰是晶体，在熔化过程中温度保持不变，故只要冰尚未全部熔化，冰水混合物的温度就仍为0℃。若气温低于0℃时，冰水混合物中的水因向空气放热而凝固，但水在凝固过程中温度保持0℃不变，所以只要混合物中的水尚未全部结冰，冰水混合物的温度也一定是0℃。可见，这种在0℃下保存物质的方法既廉价又可靠。

疑惑2：下雪不冷化雪冷。为什么？

分析 雪在熔化时从周围空气中吸收热量，使空气的温度降低，所以有下雪不冷化雪冷的感觉。

疑惑3：早春的夜晚有霜冻时，可以给秧田灌满水，使秧苗不致冻坏。为什么？

分析 早春的夜晚，气温降到0℃以下时，会出现霜冻现象。如果秧田里不灌水，当气温降到0℃以下时，秧苗就会冻坏。如果给秧田灌满水，由于同样的放热后，水比泥土温度下降得少且慢，常常降不到0℃，这样，秧苗就不至于被冻坏。

疑惑4：专家研究表明，气温不同，积雪的厚度不同，对行车的危害也不同。为什么？

分析 当积雪厚度为5~10 cm，气温约为0℃时，汽车最容易发生事故。因为在这种条件下，路面上的积雪常会呈现"夜冻昼化"状态，此时护路工人常在路面上撒大量的盐，这样可以降低水的凝固点，使熔化的积雪不再结冰，从而减少交通事故的发生。

39. 一题多解，开阔思维

利用多种方法测同一个物理量，能更好地培养学生的解题能力，开阔学生的思维。这类问题一方面要求学生对知识的掌握要熟练，既能灵活运用，又能解决实际问题；另一方面要求学生的思维灵活，有开放性。

【例】 学习了凸透镜的知识后，如何粗测一个凸透镜的焦距呢，请说出你设想的方法，取用什么器材，在哪里测，由你决定（简要写出每种方法的步骤，说明需要用什么仪器测量什么物理量，并说明测得的物理量和焦距的关系）。

思路一：找焦点法

根据凸透镜对光线的会聚：平行光垂直照射到凸透镜上经过凸透镜后能会聚在一点，该点即为焦点 F，然后测出焦点 F 到凸透镜中心的距离。

【方法一】

实验器材：利用太阳光作平行光源，白纸，刻度尺，待测凸透镜。

步骤：① 将凸透镜正对太阳；② 让白纸与凸透镜平行承接光斑（见图1）；③ 移动白纸与凸透镜的距离（可以纸不动而移动凸透镜，也可以移动白纸而凸透镜不动）；④ 直到白纸上的光斑变得最小最亮，即为焦点，固定白纸与凸透镜的距离，用刻度尺测出此时凸透镜与白纸之间的距离即为焦距。

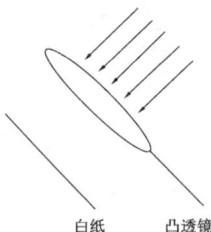

白纸　　凸透镜

图1　利用凸透镜对平行光的会聚作用测焦距

思路二：成像法

根据凸透镜的成像特点与焦距的关系：① 当物距 $u = 2f$ 时，像与物等大；② 当物距 $u=f$ 时，凸透镜不成像。

【方法二】

实验器材：蜡烛、火柴、光具座、光屏、待测凸透镜。

步骤：① 将蜡烛点燃，调节烛焰、凸透镜、光屏中心同高度；② 凸透镜不动，同时调节蜡烛、光屏到凸透镜的距离；③ 调节 u 和 v 的同时，观察光屏上烛焰的像的大小，直至烛焰的像与烛焰等大为止（见图2）；④ 用刻度尺测出此时蜡烛与凸透镜的距离 s；⑤ 凸透镜的焦距为 $f=\dfrac{1}{2}s$。

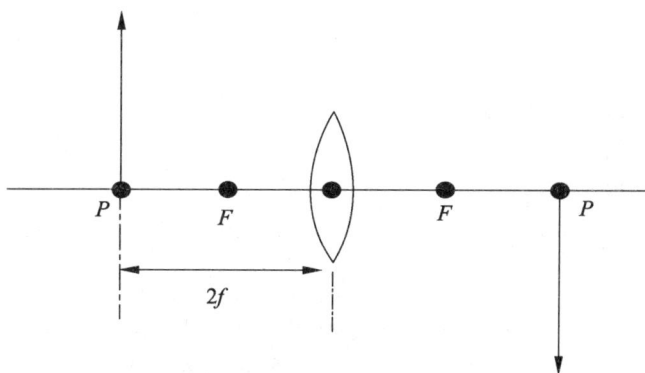

图2 利用凸透镜成等大实像测焦距

【方法三】

实验器材：同方法二。

步骤：① 将蜡烛点燃，调节烛焰、凸透镜、光屏中心同高度；② 凸透镜不动，将蜡烛从远处向凸透镜靠近，同时移动光屏（使光屏与凸透镜距离增大）；③ 观察光屏上的像，当光屏上没有烛焰的像时，停止移动蜡烛（见图3）；④ 再在光屏一侧透过凸透镜看蜡烛，看有没有烛焰放大的像，若有，则微调蜡烛到凸透镜的距离直至看不到放大的像；⑤ 反复看光屏和凸透镜，调节蜡烛到凸透镜的距离，直到看不到虚像和实像为止；⑥ 测出此时蜡烛到凸透镜的距离即为凸透镜的焦距。

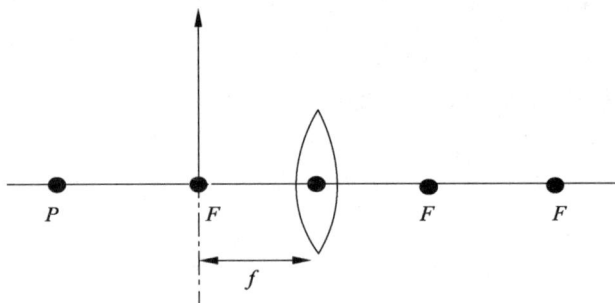

图3　利用凸透镜不成像测焦距

思路三：极限法

根据物距 $u > 2f$ 时，它的像距 $f < v < 2f$，此时物体越远离凸透镜，它的像越靠近一倍焦距点，量出此时的像距即可。

【方法四】

实验器材：同方法二。

步骤：① 将蜡烛点燃，调节烛焰、凸透镜、光屏中心同高度；② 把尽量远的点燃的蜡烛作为光源，让这样的"光源"发出的光通过凸透镜照射在光屏上；③ 调节凸透镜到光屏之间的距离，可以在光屏上得到"光源"最清晰的像；④ 用刻度尺测出像到凸透镜中心之间的距离，它就是这个凸透镜的焦距。（当物距比像距大得多时，这个结果是相当理想的）

到高中我们还可以根据 u、v、f 的数量关系 $\dfrac{1}{u} + \dfrac{1}{v} = \dfrac{1}{f}$ 定量计算出 f，这可以算是测焦距的第五种方法。同学们，上面的四种方法你想到了吗？

40. 走进厨房学物态变化

生活处处有物理，留心观察皆学问。每位同学都进过厨房，但是注意过厨房里的科学知识吗？学习了物态变化的知识后，让我们一起走进厨房看一看吧！

现象 1　在日常生活中，常用保鲜袋包水果和蔬菜，这是为什么呢？

分析　保鲜膜可以减少水分蒸发，从而保持水果和蔬菜的新鲜。

现象 2　在家里用水壶烧开水时，当看到壶嘴冒"白气"时，就知道水开了，在这一过程中水经历了怎样的物态变化过程呢？为什么"白气"离壶嘴有一段距离？

分析　烧开水时，壶中的水沸腾产生的水蒸气从壶嘴喷出，在壶嘴的上方遇到冷的空气，迅速液化成小水滴，这就是我们看到的"白气"。壶嘴附近水蒸气的温度较高，只有距壶嘴一段距离水蒸气才会液化成小水滴，即"白气"。

现象 3　夏天，厨房里的自来水管壁上常常有水珠，这是为什么呢？

分析　夏天气温较高，空气中充满了水蒸气，当遇到天气略有变化时，这些水蒸气遇到温度较低的自来水管壁就液化成小水滴。夏天，从冰箱里取出的饮料壁上会有许多小水珠，取出的雪糕会冒"白气"，都是由于空气中的水蒸气遇到冰冷的物体液化成的小水滴。

现象 4　手拿刚出笼的馒头时，若先在手上沾些冷水，就不会感到很烫，这是为什么呢？

分析　手上沾些冷水，在遇到高温的馒头时，水汽化吸热，使手不会感到很烫。

现象 5　家庭里的液化石油气是在常温下用什么办法来使它液化后储存在钢罐里的呢？

分析　家庭里的液化石油气是在常温下用压缩体积的办法来使它液化后储存在钢罐里的。

现象 6　在日常生活中，将面制品放在水中煮，不会发黄、变焦，而放在食用油中炸，则会发黄、变焦，甚至炸糊，这是为什么呢？

分析　水的沸点在标准大气压下是 100 ℃，而油的沸点要远高于

100 ℃。这种情况是油的沸点比水的沸点高造成的结果。

现象7 生活中，人们常常把碗放在锅内的水中蒸食物，要求是碗不能与锅底接触，当锅里的水沸腾时，碗里的水会怎样，为什么？

分析 水沸腾要满足两个条件，一是要达到沸点，二是要继续吸热。当锅内的水达到沸点时，碗内的水也可以达到沸点，但二者温度相同，不能发生热传递，碗内的水无法从锅内的水吸收热量，所以不会沸腾。

现象8 两次煮鸡蛋，第一次在水沸腾后，继续用"急火"煮；第二次在水沸腾后，将火焰调小用"文火"煮，但仍然保持锅中的水沸腾，直到将鸡蛋煮熟，比较两次的时间及所用的燃料情况？

分析 两次所用的时间基本相同，但第二次省燃料，因为水沸腾时温度保持不变，"急火"只能使水的汽化加快，不能使鸡蛋吸热加快。

现象9 与厨房有关的两个词分别是"扬汤止沸"和"釜底抽薪"，这两个词各说明了什么道理？

分析 前者是指把热水舀起一部分，然后再倒回去，由于这部分水要带走部分热量，放入锅里时又要从锅里的水中吸收热量，使锅里的水暂时停止沸腾；后者则将灶里的燃料拿出，停止热量供给，使锅里的水无法再吸收热量，从而停止沸腾。前者是权宜之计，不能从根本上解决问题；后者则是从根本上解决。

现象10 用高压锅煮饭，为什么比普通的锅快？

分析 高压锅的密封性很好，高压锅内的气压高，水的沸点高于100 ℃，所以煮食物比普通的锅快。

41．初中物理课堂提问的艺术

初中学生年龄小，好奇心和求知欲都较强，在课堂上喜欢表现自己，但自我控制能力较差，注意力容易分散。如何针对初中学生的这些特点，设计处理好课堂提问，是提高课堂教学效果的一个非常重要的环节。

在多年教学实践中，我尝试采用下述几种提问方式，获得了较好的效果。

一、联系学生的知识，层层深入提出问题，导入新课

例如，在讲解串联电路的特点时，我设计了如下问题：亮度可调节的台灯，其亮度（或收音机音量的大小）与什么有关？（答：与电流强度有关）改变电流的大小有哪些方法？（答：改变电压或电阻）改变电阻有哪些方法？（答：改变导体的材料、截面积、长度及温度）我们学过的什么仪器可调节电流的大小？（答：滑动变阻器）滑动变阻器如何连接在电路中？（答：串联）进而提出滑动变阻器串联到电路中后，各部分电路中的电压、电流如何？自然导入了新课。这样设计问题，结合学生熟悉的事物，容易引起学生的兴趣。

二、联系实际，列举式提问

在单元或综合复习时，由学生联系所学的物理知识，列举日常生活中的实例来说明物理现象或原理。例如，"举例说明分子是运动的""举例说明应用杠杆原理的工具"。这一类问题有利于激发学生积极思考，努力搜寻记忆中的生活知识，在相互启发下，可举出更多的例子。我处理这一类问题时，一般是将学生举的例子简要记在黑板上，再由学生分辨哪些是对的，哪些是错的，然后将对的进行分类。例如上面举例中的第一个问题可分成气体、液体、固体三类分子运动现象；第二个问题可按省力、费力、既不省力也不费力的杠杆分类。这样处理可以培养学生的分析综合能力，加深对知识的理解。

三、物理知识应用性提问

学生如果在教师的启发下，运用学过的物理知识成功地解释或解决日常生活中的一些现象和问题，他们不但会感到一种学以致用获得成功的喜悦，而且还能激发积极思考、培养运用所学的知识动手动脑解决实际问题的好习惯。"热水瓶是如何防止热传递的？"这是教师提问的一般方式，学生也能做出正确回答。我尝试改成这样的问题，"热水瓶外层玻璃破碎后为什么不保温？""新买的热水瓶不保温可能是什么原因？"对照实物让学生对不锈钢保温杯与常见的玻璃保温杯的保温原理和保温性能进行分析及比较，在课堂上引导学生做出正确解答。如果有条件，针对课堂提出的问题，安排学生课后进行一些小实验、小修理、小制作，对加深知识的理解和记忆更有帮助。

四、引起争论，激发思考的提问

争论可使学生的思维始终处于活跃状态，通过争论解决的问题，理解特别深刻，其效果是一般性讲解所无法达到的。容易引起争论的问题，往往是生活中碰到的现实与物理原理表面上相"矛盾"，或者平时形成的概念与严格定义的物理概念不一致的问题。设计一些问题，引起学生的争论，对纠正学生的错误认识大有好处。例如，提出"力是不是物体运动的原因？""在平地上挑着东西前进做不做功？"等问题，引导学生对照所学的知识进行分析辩论，收到的效果比较理想。

总之，课堂提问要针对初中学生的特点，尽量结合生活实际，设计能引起学生兴趣、激发学生积极思考的问题，并注意在提问中点拨启发学生分析问题。

第四篇

教研成长

　　如果想让教师的劳动能够给教师一些乐趣，使天天上课不至于变成一种单调乏味的义务，那就应当引导每一位教师走上这条从事一些研究的幸福道路上来。

　　人的内心有一种根深蒂固的需要——总想感到自己是发现者、研究者、探寻者。在儿童的精神世界中，这种需求特别强烈。但如果不向这种需求提供养料，即不积极接触事实和现象，缺乏认识的乐趣，这种需求就会逐渐消失，求知兴趣也与之一同熄灭。

——《给教师的建议》

42. 引领 LICC 课堂观察观评课记录实施范例

我校教学教研的重点是深化"三学一练"课堂教学改革，在三学一练的环节上重点打造"小组合作学习"和"达标检测"的落实，在听评课形式上采取 LICC 课堂观察模式。

学校将借助 LICC 课堂观察（听评课）模式深化三学一练课堂教学改革，全面调动全体教师的教科研活动。

LICC 课堂观察模式解读（见图 1）：课堂观察就是观察者（听课人）对课堂的运行状况进行记录、分析、研究，并在此基础上谋求学生学习的改善，促进教师发展的专业活动。课堂观察是一种行为系统，是一种研究方法，是一种工作流程。它包括课前会议、课中观察与课后会议三个阶段。LICC 课堂观察框架包括 4 个维度（学生学习、教师教学、课程性质、课堂文化）、20 个视角、多个观察点。

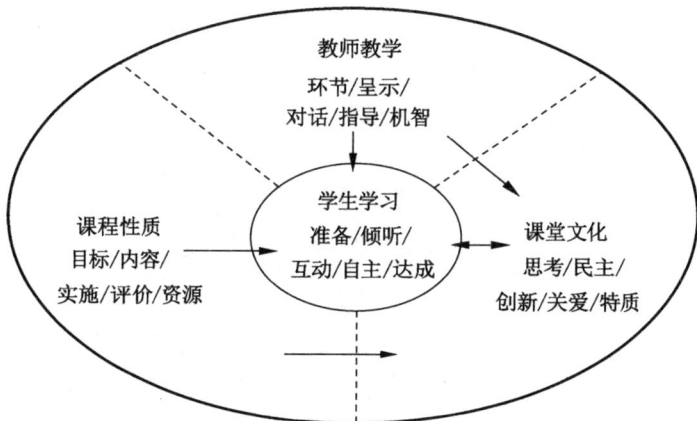

图 1　课堂观察框架图

一、A 老师的《春风》观课记录

1. 观察点选点说明

这节课通过学习任务单（预习检测，掌握生字词/定标自学，辨南北春风/小组竞赛，赏北国春风/反馈巩固，绘眼中春风）的出示，观察学生的小组学习活动在教学过程中的作用，教师如何分组，如何调度小组的活动，如何发挥小组成员特别是组长参与学习的积极性，如何通过小组的学习落实本节课的学习目标、重难点。

2. 观察表及观察结果说明

从两个方面来观察：一是小组的划分方式，小组讨论的组织形式，讨论时小组学生积极参与的人数及参与的辅助行为，小组的汇报展示情况，汇报质量，学生的落实度等；二是教师如何调度小组的活动来达到对课本知识的掌握和落实。

LICC 课堂观察工具量表（Learning）

观察维度：学生学习·互动·自主·达成

研究问题：小组学习时学生参与的维度

授课人：___A___；　学科：___语文___

观察点		小组学习时学生的参与度
观察记录	1. 小组划分的依据（分层分组、捆绑分组、随意分组）	前后 6 人为合作学习小组；三大排位捆绑小组即三个竞赛 PK 大组
	2. 小组人数	6 人/合作组；20 人/竞赛 PK 大组
	3. 小组讨论的组织形式（有明确分工、自由讨论能达成共识、只有讨论形式）	全组成员都有责任负责争答题权，然后由本组其他成员代为回答（若分出不同层次的人来回答，可否兼顾面更多）
	4. 讨论时小组学生积极参与的人数	4/5，参与度极高
	5. 学生有哪些辅助行为（记笔记/查阅/回应）	朗读课本、查阅课本、记笔记、小组讨论等
	6. 讨论时学生遇到困惑如何处理	查阅课本、小组讨论
	7. 讨论后课件问题完成程度	每个展示的学生能从课本中找到"北国春风的动人之处/对比江南春风"和表现力的词句（学生能从不同的段落寻找赏析） 疑问：教师除了通过奖励双面蝴蝶和单面蝴蝶外，可否对获得单面蝴蝶的小组给予适时的激励，不是仅仅对比而已
	8. 汇报时能否积极参与及参与人数；有无其他成员补充发言	学生的参与度很高，但因为有几个学生的反应快，每次都能抢到，所以本小组的积极性很高，互相补充的发言也很高（教师如何调控课堂，兼顾到其他学生）

观察点		小组学习时学生的参与度
观察记录	9. 汇报人发言质量（优、良、中、差）	汇报人大多为学优生和学中生，相比较发言质量较好，若能分几个问题给学困生，让他们有发言的机会，可能课堂不会这么流畅，但却可以激励后进生，提高他们学习的积极性（联系自己的感悟）
	10. 小组讨论时间	学生讨论，小组自学、互学的时间较多
总体性评价		本节课教师充分发挥了小组的讨论、研讨、互助、合作等多种学习方式，大组 PK 和小组互助效果明显，达成度较好，若能利用小组让学困生的展示再突出些，或者教师设置问题专门面对他们这种层次，效果是否更好

观课感悟：从 A 老师的课堂，有几点感悟：

（1）在对课文的字词教学的落实上，她利用了晨读课的时间进行落实，所以我想到晨读课的利用率，它就是你的课，怎么用才能更高效？要有任务驱动，要有检查落实。

（2）在定标自学中，A 老师采用了"用自己喜欢的方式朗读课文"，这使我想到了我曾经看过的一篇微信文章——《朗读是语文学习最有效的方法》。学语文不仅仅是为了应试，更是在学习一项终身受用的技能，请学生大声朗读，这是最有效的语文学习方法。这里用学生喜欢的方式让学生去朗读，并把自己的感悟表达出来，这是对学生能力培养的最基本有效的做法。

（3）在小组竞赛、交流展示环节，以小组为单位，反复朗读并画出富有表现力的词句进行赏析，完成任务后展示成果。小组活动的开展有创意，同时抢答环节的程序特别吸引我，全组成员都有责任负责争答题权，然后可由本组其他成员代为回答，这有助于激发学生的团结合作意识，根据回答的情况给小组加"双面蝴蝶"或"单面蝴蝶"，这种对小组活动的激励是我学习的榜样，我们每个人都有不同于别人的能力，只要愿意改变，只要愿意学，只要敢于行动，就一定会有收获。

（4）如果要我说需要改进的地方，那就是小组活动如何想办法让更多的学生，特别是我们的中等生和学困生都愿意参与并能积极展示，我们老师该如何想办法让这些学生有参与进来的机会，这是我和大家都要努力追寻的。

当然，在我们深化"三学一练"教学模式的课改探索中，对老师们已经习惯的教学方式一定会有影响，肯定也会出现这样或那样的声音，也肯定有观望和质疑，但只要认可了学生自学、小组合作、达标检测在教学过程中的重要性，能从别人的讲课中学习借鉴哪怕一点成果，都是实实在在的收获。

我们每位老师都应该能感受到，我们"三学一练"推动的"学生自学、教师导学、小组互学、达标检测"，那是想帮助我们老师如何让学生学得有效，如何让我们老师从整节课的不停息的讲授的辛苦中解放出来；我们推进 LICC 课堂观课模式，就是给大家一个课例，让大家在某一个方面，结合自己的教学，感受课例中可以供自己学习的地方，同时可以通过观察别人反思自己的问题，尽快改变自己的课堂，使自己快速成长。

这几天不停地听课对比反思，我特别能感受到年轻老师的进步，所以我特别想对各位老师说：如果你还年轻，请一定勇敢接受授课任务，不要怕辛苦，也不要怕别人对你课堂的质疑，做一个有思想、善于反思的人，这样你才会快速成长；如果你是一名优秀的前辈，请不要吝啬你的学识，走在改革的前面，给年轻人做个榜样，把你的建议和思想与大家分享，这样你也会更加完美；如果你觉得自己老了，跟不上节拍了，那也没关系，只要你不回避、不排斥，只要把你的质疑提出来，把你的困惑提出来，也是对我们的一个提醒，对课改的一份贡献。

二、B 老师的《2.2 探究直线平行的条件（一）》观课记录

1. 观察点选点说明

这节课以问题驱动教学，以问题带动知识结构的构建，学生活动多，如自学讨论、小组合作、动手实验、随堂练习等，这些都需要老师有较强的指导能力。

2. 观察表及观察结果说明

从三个方面来观察教师的指导：一是教师怎样指导学生自主学习，从教师设置的自学指导、学案、对教材的应用，观看 PPT 课件，以及对学生的指导来观察；二是怎样指导学生合作学习，从教师的指导方法、教师对学生讨论的介入、教师的答疑情况这几个方面来观察；三是怎样指导学生探究学习，从动手实验的指导、对问题研究的指导、对学生作业的指导来观察。

LICC 课堂观察工具量表（Instruction）

观察维度：教师的教学·呈现/学生学习·互动

研究问题：教师教学行为的有效性

授课人：＿＿B＿＿；学科：＿＿数学＿＿

观察维度	观察点	自主学习1和2	备注	自主学习1和2	备注	对公理的应用和练习	备注
教师行为	任务下达是否清晰	不清晰	10 min 的时间，教师的指令不清，学生的自学显得盲从	一般	教师的调控作用发挥得不够；学具使用中的问题没有及时调度和指导；和学生自学成果的交集未体现	清晰	教师对同位角的处理上要先加强后讲解
教师行为	任务是否具有可操作性	学生自学内容过多		动手使用学具操作，转动角度和两直线平行		题目的选择较常规；题目的层次性欠妥	
教师行为	任务是否符合学生的年龄和认识程度	符合但交代不清晰		学生动手的兴趣很浓厚			
教师行为	呈现方式	PPT 课件和学案		教具		做练习题，做达标检测题	
学生行为	多少学生参与活动	全员	学生自学意识强，能主动按学案提示预习，表现欲强	4/5 的学生	小组活动可以，但组长的引领作用未体现；实验和知识探究相结合不充分	2/3 的学生	通过达标检测本的练习研讨，加深对同位角的理解
学生行为	完成任务所花的时间	约 10 min		6 min		约 10 min	
学生行为	能否达成学习目标	约一半学生		不明朗		60%	
学生行为	课堂练习和作业的完成情况	学案完成		题目设计常规，完成可以		80% 30%	
学生行为	自我评价	良好				一般	

观课感悟：每个老师每节课的时间相同，但为什么优秀教师教出来的学生学习能力强，学习成绩优，学习习惯好，同时又学得轻松愉快，这就涉及教学有效性的问题。在 B 老师的课堂上，我重点观察了教师在实施教学时任务布置的有效性。

探究两直线平行的条件之一——同位角相等，两直线平行，在自主学习的开始，课件上呈现自主学习1，但学生在结合学案及阅读课本时，将自主学习2全部学完，我观察到一部分学生有预习的习惯，一个环节结束后，主动往后进行，可有很多学生（1/2）学完自主学习1后探头看看别人，在张望一遍后低头，可能在思考，但有很多在等待。根据这个观察，我感觉到，学生会出现这种情况，就是因为教师在组织自主学习时指令性不强，1和2都为自主学习环节，为何不能把它变成自主学习的两个流程呢？这样学生就有自学的指向性和目的性，自学效果才会更好。

在利用微课助学讲解同位角时，教师在微课中对同位角的预设情况设计得比较单一，"F"形，练习题的设计也是常态化的同位角，这些导致学生在面对变化形式的同位角的判断就会出现盲区。这个观察，我感觉到，本节课的重点是会识别不同图形下的同位角，理解并能应用"同位角相等，两直线平行"这一定理进行简单的说理，而难点应该是在认识什么是同位角的基础上才能理解透"同位角相等，两直线平行"，才会用它解决问题，我们老师应该在这个教学行为上做精心的准备，这样呈现给学生的才会是透彻清亮的数学思想。

课堂教学的有效性是学生在认知上，从不懂到懂，从少知到多知，从不会到会；在情感上，从不喜欢到喜欢，从不热爱到热爱，从不感兴趣到感兴趣。教师的教学观念直接影响着教学内容的选择、教学方法的应用、教学形式的采纳。

三、C老师的《东南亚》观课报告

1. 观察点选点说明

这节课学生自学教材，可粗略了解东南亚的地理位置，通过图文资料和地图可简单熟悉东南亚的地形地势特征以及城市分布的特点，教师如何利用现有资料（教材和助学）落实学生的学习情况，如何实施小组互学，落实学习效果。

2. 观察表及观察结果说明

从两个方面来观察学生每一个学习阶段对知识的达成情况。每一个学习环节，教师是利用什么工具实施教学指令的，怎样指导学生自主学习，怎样指导学生合作学习的，怎样检查学生的落实情况的；每一个学习环节，学生的学习方式是怎样的，借助什么工具或采取什么互学方式增进学习效果的，学生的落实情况如何，最后的达标检测情况如何。

<h2 style="text-align:center">LICC 课堂观察工具量表（Learning）</h2>

观察维度：学生学习·达成·学生对核心知识、概念、技能、方法的掌握

研究问题：一个学习阶段后，学生的达成情况

授课人：　C　；学科：　地理　

教学环节及观察说明	观察指标（记录）					
	程序一		程序二		结论	
	教师行为	学生行为	教师行为	学生行为	教师行为	学生行为
一、东南亚的地理位置	通过课件展示自学指导一	读课本 P18 图 7-1-1，P19 "东方十字路口" 图文资料，完成助学 P22 题 一、"东方十字路口"	组织学生先自主学习，后小组互学（教师在黑板上板书重要知识点）	做地理助学，小组互相合作讨论助学中的疑问	1. 组织学生到黑板上填空；2. 纠错；3. 提问没有展示的小组	1. 有 6 个小组参与抢答，只有 4 个小组抢到，题目少；2. 把答案擦去，学生再次熟记
观察说明	教师通过地图解读要点，助学的使用率较高，对要点的落实检查较到位。建议：若能在学生自学中及时了解学生的自学情况，发现自学的问题及时纠正会更好（教师在学生自学时，板书要点填空，可否使用实物投影）					
二、东南亚的地形地势特征及城市分布特点	通过课件展示自学指导二	读课本 P19～20 "多山的地形" 图文资料，完成助学 P22 题二、多山地形	组织学生先自主学习，后小组互学（教师在黑板上板书重要知识点）	做地理助学，小组互相合作讨论助学中的疑问	1. 组织学生到黑板上填空；2. 纠错；3. 提问没有展示的小组	1. 每 2 个小组参与上台板演答案，然后其他组再上台；2. 把答案擦去，学生再次熟记

观察说明	结合助学 P23 从地形、土壤、水源、农业、交通等方面分析中南半岛的城市为什么分布在沿海平原和河口三角洲？对本部分的要点进行提升巩固，学生在上黑板板演答案时，其他学生该如何做，小组互学的范围若能再扩大一些，学生过高的积极性和实实在在的落实之间如何处理才会恰到好处。充分利用地图进行识图，加强学生的图形和图文资料的应用能力
达标检测	充分利用助学，当堂完成达标检测，学生学习重在落实，切实利用好手头的课本和资料，学生课下作业少，是一节实实在在的好课

【说明】　观察指标是按照认识层次递进的，记录的内容是教师和学生的一些具有典型性的学习行为和教学行为。

观课感悟：常常有老师在听课时说公开课不实用，表演成分居多。有时我也在想，如果一个年轻老师他认真准备的课都不像样，那他平时的上课状态该是什么样子呢？想想我都觉得害怕。年轻老师的好课就是在反复研究、反复修改、多次取舍的过程中解读教材、快速成长起来的，一个参加过市里或省里优质课的老师，他的眼界和对教材的把握与从没参加的老师应该是不同的。2019 年我听过 C 老师的《海陆变迁》，感觉课的设计比起我在南校时听过的，对教材的把握和对课堂的控制进步了许多，我认为这与他参加"和谐杯"说课大赛的锻炼有关。

上周听他的课，感觉是一节用心准备的常态课，更具有实用性，有几点感悟和大家分享：

（1）学生不是听会的，而是练会的。当教师必须懂得一条简单而深刻的道理——只有亲自做过题目以后，才真正懂了。这反映学生的认知规律，教师要尽量少讲，把时间留给学生多练，做到学生在练中学，教师在练中讲。

（2）知识上的缺漏，最好的办法是在课内解决。一靠课本，二靠同学，三靠自己在课内解决。首先，要使学生逐渐学会自学课本，这是根本的措施。其次，要发挥小组合作学习的作用，课堂作业要在小组内互批、互帮，立即订正，特别是当堂检测，也要做到互批、互帮。在同学的帮助下自己订正后做到全对，每堂课的知识都能做到当堂消化。

四、D 老师的《科举制度的诞生》观课报告

1. 观察点选点说明

本节课的教学板块明确，科举制度的诞生、科举制度的完善、科举制度的影响，这三个问题的层次性较强，学生通过自主学习和小组互学，可以完成本节课的 60% 的任务，学生在展示环节上，理答方式与教师预设问题有什么关系，理答方式不同，落实的效果有何不同。

2. 观察表及观察结果说明

从两个方面来观察：一是学生对问题的理答方式，如一问一答、小组互答、讨论展示等；二是对于学生的理答方式，教师的反应是什么，语言和表情是什么；对新生成的问题的处理方式是否采用追问的方法，教师在问题的预设上对学生理答的效果有何影响。

LICC 课堂观察工具量表（Instruction）

观察维度：教师教学·环节·对话·机智

研究问题：学生理答方式与教师预设的问题的研究

授课人：　　D　　；学科：　　历史　　

教学环节 理答方式	教学环节					
	科举制的诞生		科举制的完善		科举制的影响	
	观察指标记录	随机评价	观察指标记录	随机评价	观察指标记录	随机评价
鼓励学生参与回答问题技巧	通过两个自主学习，鼓励学生回答	可否将两个自主学习合并为一个，设置好自主学习的引领问题	合作探究的三个问题的层次感不强，较分散	合作探究问题的提出需要重新预设（可否结合助学 P15 进行合作学习）	学生按照教师的提示回答	时间紧张，处理得有些急，可否把第三个板块变化为第一、二板块的升华，让学生站在历史的角度和现在的角度评价科举制度，教师将影响提炼出来，有益的和有害的
学生回答的方式（讨论展示、一问一答、小组互答等）	小组讨论 学生互答，展示共享	对自主学习的效果落实可否采用材料分析或借助助学，及时激励小组活动	小组讨论 学生互答，展示共享	预设问题简单，对后面的三个材料拔高题的分析，学生回答不全面或理解上有难度		
对学生回答的反应（鼓励/批评）	鼓励		鼓励			

教学环节 理答方式	教学环节					
	科举制的诞生		科举制的完善		科举制的影响	
	观察指标 记录	随机评价	观察指标 记录	随机评价	观察指标 记录	随机评价
对新生成问题的处理方式	老师帮助解决	可否作为拓展提升问题	老师帮助解决	老师代答	代答	
追问次数	4次（通过"小小侦探推理"）	通过四个问题的追问，将对科举制诞生的影响的认识提高了一个层次	一问一答，追问次数少	若能联系助学P17展开追问，会落实掌握	无	边讲边答
语气语言	亲和		亲和	学生背古诗气氛调动较好	愉快，欢畅	
打断学生回答或自己代答	代答的时候偶尔有	一个小组没有回答出来，同组先补充，然后别的组再补充	有几处代答			
其他	学生有问题时，调动其他学生补充		调动不主动的小组回答	面向更多的学生		

观课感悟：在 D 老师的课堂上，我观察了学生的理答方式，通过观察我发现学生的理答情况除了与当时的课堂情景有关外，教师展示的理答问题是决定学生回答情况的决定因素。教师展示什么样的问题是好问题？我借助了崔怀亮老师的《什么样的问题是好问题?》加上我的观课体会作为我本次的观课感悟。

（1）和教学目标无关的问题不是好问题。在课堂上提出的所有问题都应该是围绕教学目标的，如果提出的问题和本课的教学目标没有关系，那么这样的问题就是无效问题。所以，我们应该精心设计所有问题，使之围绕课堂教学目标，尤其是教学重点和难点，这样的问题才有可能是好问题。

比如，在第一个自主学习环节"据史料记载：隋朝建立后，仍沿用魏晋时期的选官制度，但第二年隋文帝就废除了旧的选官制度。根据材料分析一下这是为什么呢？"这个问题的提出不仅表明了科举制度的诞生，同时也间接地反映了当时的时代背景，为了解科举制度奠定了基础。这样的问题跟进目标，是个好问题。

（2）有明确的、固定的答案的问题不是好问题。如果一个问题，和教学目标有关系，也需要学生开动脑筋，但是通过翻看课本、查阅资料、求助同学等方式，都能够找到明确的、固定的答案，这样的问题也不是好问题。

比如，在第二个自主学习环节中"科举制是在哪个朝代诞生的？与哪两位皇帝有关？他们分别做了哪些工作？科举制诞生有什么意义呢？"这个问题的提出，学生很容易从课本中找到答案，可以借助助学 P14 的填空，或学生脱离课本用自己的话谈谈对科举制度的诞生的认识，作为落实学生自学的检测方法，既省了时间，又提高了效果。

（3）没有层次的问题不是好问题。如果在一个问题中，包含了两个或者两个以上的子问题，那么这些子问题之间，应该有一定的相关性、层次性和逻辑性。没有相关性、层次性和逻辑性的问题不是好问题。

比如，在"小小侦探推理"中连续追问的几个问题："科举制度的诞生权贵子弟失去了什么？选官实权的地方官和权贵失去了什么？出身低微的读书人得到了什么？朝廷得到了什么？"将科举制度诞生的影响全面地展示出来，这是一个不错的问题。

再比如，在科举制度完善的合作探究环节"唐朝时科举考试重点考什么科目？唐朝科举制的完善与谁有关？他们分别为科举制度的完善做了哪些贡献？"前两个问题可以忽略，重点是通过自学课本 P18，结合助学 P15，提问三位皇帝对科举制度的完善做了哪些贡献，分别让学生用自己的语言理解回答，或用后面的材料典故、图片信息等落实该项任务，或用后面的表格提炼总结。

时代发展到今天，如果我们仍然以背书为主要的教学手段，如果我们的提问只是针对书本上面白纸黑字印好的内容，那么，我们是会落伍的。

在课堂教学中，有一定相对固定的提问模式，即以"师问—生答—师评"为一个循环的提问模式。这种提问模式，将降低提问的质量，尤其是一个好问题的质量。我们是不是也可以尝试其他不同的提问方式，例如"师问—生答—师追问—生答—师追问其他学生—师（或生）评""生问—生答—生评"等。其目的便是，教师不做答案的提供者，而是思维的激发者。

43. 观课报告：电功率的复习课

本节课是一节电功率的复习课，复习课是教学中的一个重要环节。它的任务是使学生对所学的学科基本知识和基本技能加以巩固、总结，使之系统化。通过复习可以弥补和纠正学生认识上的错误与缺陷，使学生对知识的理解更深刻、更全面。

一、目标展示，梳理知识点

（1）教师展示复习目标，学生对照课本完成学案中的内容，梳理知识点，然后小组合作对照知识点进行交流，总结本章的章节和知识点、公式等。

（2）分小组展示交流成果，共提问了两个小组，每个小组的学生的总结非常全面、到位。

观课感悟：检查知识点，将知识点再现给学生，并不等于学生都记住了知识，所以有必要出几个有关知识点的练习，检查学生记忆知识点的情况。由于时间关系不可能对每个学生、每个知识逐一检查，这时可以抽查成绩较差的学生回答较难记住的重点知识，这种方式不仅强化了被问学生对该知识的记忆，也强化了其他学生对该知识的记忆。

本环节中，教师对小组展示的提问中缺乏整体性，为了调动小组的合作积极性，教师提问时，可提问某某小组如何，同时对该小组的回答要及时给予评价。这样教师再使用小组积分才有意义，才能真正调动小组的学习积极性和团队合作的意识。

二、针对学生的疑难和问题进行复习

1. 动态电路的复习

教师先点评这类问题的解题要点，先明确电学综合题一般是由电流表、电压表、变阻器、开关、电源和几个用电器组成的电路，它通过开关的打开或闭合，研究变阻器滑片的滑动所引起的电路中电流表或电压表示数的变化情况；识别动态电路，画出等效电路图是关键。

学生先独立思考，进行电路的识别，然后学生到黑板上画出等效电路，说出解题思路，教师引领学生总结解题方法，然后再独立完成同类练习题，小组合作再次查找问题。

2. 对实验题的复习

教师先点评解决实验的方法要点，组织小组合作交流探究例题，然后选代表展示，学生的展示作品都是在教师讲台上展示，让学生体会做老师的感受，效果好。

3. 电功率的计算

教师先点评计算方法，分清各个电表测量的是哪一部分的电流和电压，弄清滑动变阻器滑片的移动方向与电阻大小变化的关系，画出等效电路，最后利用串、并联电路的特点和有关公式计算出要求的物理量。通过类似的分析、整理，使大多数学生能够在"概念"上胸有成竹，在"规律"上能够纲举目张。

学生讨论后，到前台讲解点评，教师辅助。这个环节的例题设置多个，让不同小组都有机会展示和评价。

4. 本节课的总结

教师对小组合作学习的积分进行总结，鼓励点评。

复习课不是单纯给学生纠正错题，也不是机械式的重复知识，更不是放松教师考评学生的测验课。复习课应在认真分析学生知识缺陷的基础上，开发学生的智力，培养运用物理方法分析问题、解决问题的能力。我们在与学生的接触中，经常发现有的学生在完成老师布置的作业之后，感到无题可做、无事可做，没有自我学习的意识。有的学生做课本上的题目时，完成得很好，可将课本的题目稍微一变化，问题就出现了。其原因是学生学得太教条，没有掌握灵活的学习方法。教师一旦发现这些问题，必须利用复习课及时引导学生，用几个典型例题或练习题，组织学生边思考、边练习、边讨论、边总结，教会学生自我学习、自我复习的方法。

小组展示环节，选代表到黑板上讲解点评，效果非常好，有利于锻炼和培养学生的能力。

建议：如果教师能让其他学生进行评价和点评、补充，就更能调动他们的学习热情和团队意识（可由小组其他成员先来补充，然后其他小组再来补充，效果更好）。

观课感悟：物理知识是人类不同时代的优秀代表的智慧结晶，它揭示了自然现象的本质和规律，我们要应用这些知识来解决一些物理问题，必须要熟悉这些知识。再现知识就是让学生熟悉知识，复习课与新课不同，知识非常集中，因此为了提高课堂效率，可以在课前将知识以方框流程图、树干分枝图、表格罗列图等形式制成幻灯片，这样就可以在短时间内将知识再现给学生。

九年级物理第一轮复习课的流程，我的设计是：忆—测—究—考—评。"忆"就是回忆梳理单元知识点；"测"就是自学检测，即以题带"点"，检测对知识点的掌握；"究"就是学生通过合作探究，进行方法总结和训练点评，达到对中考考点的针对性复习；"考"就是当堂达标，落实掌握；"评"就是对达标检测题进行评价反思，查漏补缺，有效掌握。具体如下：

第一，"忆"和"测"再现和检查知识。

第二，"究"讲解知识。学生对知识的遗忘，不仅表现在对表达知识的文字、字母、图像上，更多的是表现在对知识内涵和外延的理解上。所以，再现知识、检查知识只是复习课的一个开头，重要的是理解知识。老师讲解知识的过程就是让学生理解知识的过程。老师在讲解过程中，一定要详略得当，深入浅出，言简意赅，突出重点，突破难点，可以结合生产、生活、科技及自然现象讲得生动一些，有趣一点。

第三，"究""考"检测知识应用。再现知识、检查知识、讲解知识，最终是为了应用知识来解决问题。学生是否掌握了知识，理解到什么程度，能否熟练应用，必须通过物理题来进行检测。设计物理题时要注意控制个数、难度和考察面，章节不同，这些因素也有所不同。计算题可以循序渐进多设计几个问，最好是前一问对后一问有启发，问问相连，问问相关。第一个概念题偏易，第二、三两个题中等，第四个综合应用题中等略微偏难。

第四，"评"公布详细参考答案，统计学生错误情况。定时检测，时间一到，老师马上公布详细参考答案（选择题要有选项对错的原因说明）。学生在对照参考答案进行对错评价的同时，也要进行错误纠正，三分钟之后，老师统计错误情况，将其公布在黑板右上角。根据统计情况，老师及时点拨。

44. 观课报告：串联和并联

针对马老师执教的物理课《串联和并联》，我从教学目标的制订、教学内容的处理、教学过程的设计、学习方式的完善、教学效果五个方面进行点评。

一、观课后点评

1. 教学目标的制订

这是一节《串联和并联》的新授课。马老师根据课程标准，制订了"知识与技能""过程与方法""情感态度与价值观"三维目标，并注重物理教学的侧重点，侧重于激发学生学习的兴趣，培养学生的探究意识，养成自主学习的习惯。

2. 教学内容的处理

（1）为培养能力和突破难点问题"并联电路的特点"，把演示实验改成个人与合作交流相结合的实验。

（2）增加了"开关的作用"知识点，完善了知识点的链接，使知识结构更完整。

（3）不足之处：增加了任务量，不能在45分钟内完成学习任务。

3. 教学过程的设计

（1）本节教学重点不是仅满足知道串、并联两种连接方式，而是通过动手实验实际连接操作的过程，分析归纳出小灯泡的连接方式，以及串、并联电路及特点。教师把教材中的课堂演示实验改成自主探究及学生之间合作交流的实验，学生完全成了课堂的主体，体现了"以学生发展为本"的新课程理念。

（2）本节课采取了"课前预习、查阅资料—生成目标、导学交流—展示提升、教师点拨"的教学模式，在教师引导下，学生自行合作实验，讨论交流，评价归纳出串、并联电路及特点，从而使学生把科学知识的获得与思维能力的培养有机结合起来，基本达到了获取物理知识、培养实践能力的目的。

4. 学习方式的完善

（1）以学生之间的互动合作学习为主要特征。整堂课以教师引导、学生探究为主线，注重合作学习。主动参与动手连接串、并联电路，学生围绕串、并联电路中开关的作用和电流特点开展讨论和探究，各小组讨论积极性高，不等不靠，"我参与，我快乐"。通过主动参与交流，在尊重同伴意见的同时，也能提出自己的见解，使学生体验到了合作需求、角色分工和成果共享等基本过程，改变了学生的学习方式。

（2）学生之间的互动合作离不开教师的指导。教师上课只听不讲授，在恰当的时机进行点评和解答，教师真正是课堂的组织者。

（3）不足之处：在展示提升环节中，学生照本读，这样效果不好，若用自己的语言来表达，对知识的掌握会更牢固。

5．教学效果

（1）教学目标的制订适合学生的年龄特点和学习基础，把三维目标很好地有机整合在了一起。充分体现课堂教学学习知识与技能的同时，注重学生积极主动的参与意识和各方面能力的培养。

（2）教学内容的处理：简单的问题课外查阅资料自己解决，难点关键点通过课堂集体讨论解决，提高课堂学习效率。

（3）教学过程的设计：在教学过程的设计上，按照"课前预习、查阅资料——生成目标、导学交流——展示提升、教师点拨"的基本模式，让学生在探究知识的同时，提高了自己发现问题、解决问题的能力。同时注重学生之间的交流和互动，充分体现了教师的主导性和学生的主体性。

（4）学习方式的完善：学生真正成为课堂的主体，积极性高，主动参与能力强——课堂因我而精彩，我因课堂而自信。

二、由观课想到的问题

（1）对上物理课时引导学生思考问题的做法提出这样的要求：引导学生思考问题就像是在帮学生搭台阶，降低难度让学生可以更容易地找到思考的途径，然而帮学生搭台阶要慎重，帮学生搭台阶是为了引导学生的思维，而不是帮学生在思维上去偷懒。在物理教学过程中很多老师都会犯一个错误，那就是为了让课堂教学进行得顺利流畅而把对学生的要求降得非常低，老师把所有有难度的东西都说出来了，学生就不需要开动脑筋花费时间去思考。这种做法是在帮学生偷懒，使学生的思维得不到锻炼和发展。

（2）对电学实验教学的点评过程指出这样的问题：对串联和并联电路的实验教学应该先进行电路图的设计，再根据电路图对实物进行连线，而不是让学生对着一堆实物乱接一通之后再画电路图。在电路连接的教学中许多老师都会要求学生连接实物图，这些实物图在很多时候已经由老师事先把各种元件的位置摆放好，并且画在纸上了，学生只需要用笔画线把它们连成电路即可。然而，在现实生活中甚至在实验室做实验的过程中实物图的连接这个环节是多余的，即没有人在设计好电路图后先去进行一次实物图连接，然后进行电路的实物连线。

（3）实验教学要定位好，要让学生明确实验课是用来验证设想的，而不是用来随便摆弄实验仪器的。这个定位需要老师对学生有明确的要求，否则学生一到实验室就再也不听老师的指挥，而是自己乱搞一通。让学生胡乱摆弄实验器材的课堂不叫实验课，实验课既需要学生动手，更需要学生动脑。所以在实验课上学生听从老师的引导和指挥非常重要，只有这样，学生才有可能做到既动手又动脑，才能真正地学到物理知识。

（4）学案的使用在某种程度上方便了老师的教学，但禁锢了学生的发散性思维。特别是在物理实验教学中，学案上已经把实验的思路和要探究的环节都罗列出来了，这样学生在上课的过程中只需要顺着学案上的思路和步骤去进行实验操作即可，完全没有了自由探究和思维创新的需要。所以学案的使用应该慎重！

45．教学反思：探究串、并联电路中电流规律

《初中物理课程标准》要求学生经历基本的科学探究过程，学习科学探究方法，发展初步的科学探究能力，形成尊重事实、探索真理的科学态度。因此，探究教学在初中物理教学中具有举足轻重的位置。在《探究串、并联电路中电流规律》这堂课的教学中有几点体会。

一、课程的导入要注重"推敲"

在本节课的导入上通过身边的生活现象引导学生思考，其选择性符合学生的认知规律，可以激发学生的思考，所以在任何一节课的问题引入的推敲上，教师要用心琢磨，不是越简单或越神奇越好，在导入上要注重导入的有效性以及导入的应变和真实，还要在导入的功能上进行推敲。

二、探究教学要注重"问题"

问题是科学探究的出发点，因为没有问题就难以诱发、激起学生的探究欲；没有问题，感觉不到问题的存在，学生也就不会去深入思考。在本节课的教学中，提出"串联电路中电流有什么规律"的问题后，引起了学生极大的兴趣，激起了学生极大的探究欲望，就此问题学生还提出了多种猜想。在学生动手操作的过程中，又出现了诸如电流表反向偏转和灯泡不亮等问题。学生在发现和解决这些新问题的过程中，不仅进一步激发了他们的探究兴趣，而且也促使学生深入地去思考和体验。能否提出对学生有挑战性和吸引力的问题，使学生产生问题意识是科学探究的关键。

三、探究教学要注重"过程"

在新课程的教学中，学生是知识的发现者，发现学习中结论与过程并重。学生的学习过程和科学家的探索过程在本质上是一样的，它们都是一个发现问题、分析问题和解决问题的过程。当然，在探究的过程中学生会面临问题和困惑、挫折和失败，并且学生有可能花了很多的时间和精力，结果表面上像一无所获，但这却是一个人的学习、生存、生长、发展和创造所必须经历的过程，也是一个人的能力和智慧发展的内在要求。学生在"探究串、并联电路中电流规律"的实验中，有的小组

125

的学生花了很长的时间也没有得出完整的结论。但是，在这个探究过程中一方面充分暴露了学生的各种疑问、困难、障碍及矛盾，另一方面也展示了学生的聪明才智、独特个性和创新成果。在质疑和解疑的过程中学生的很多能力都得到了提升，这种潜能力不是马上可以呈现的。强调过程，强调学生获得新知的经历和体验比死记结论更重要。

四、探究教学要注重"开放"

在学生实验的设计和进行上，要敢于放手，如何既让学生在实验中能够放开，又可以完成本节课的教学目标，这对教师将提出更多的要求：① 实验的设计要前后呼应；② 实验教学要关注细节；③ 实验的预设与灵活应对；④ 实验资源要充分利用。

学生在操作过程中也存在一些不足之处：① 部分学生操作没能按要求去操作，导致电路接触不良，影响了实验效果；② 部分学生连接好电路后，急于观察实验现象，没有进行必要的检查，就闭合了开关，导致短路现象的发生。

我相信只要给学生更多的动手机会，学生的操作会更完美。同时，我也会应课改的要求，日日充电，全面提升自己的综合能力，使教学过程焕发更强的生命力。在教学实践和反思中，只有不断地更新教学理念，不断地反思自己的教学行为，改进教学方法，完善教学策略，才能切实有效地提高物理教学的质量，使学生乐学、会学，在不断的探究活动过程中，培养学生的科学素质。

46. 让课堂观察走得更远

2016—2017 学年，我校推行了 LICC 课堂观察模式，经过一年的探索、学习，本人对这种听课评课模式有了初步认识。LICC 课堂观察模式以促进学生学习为核心，关注课程性质、教师教学与课堂文化等重要因素，四维一体，对课堂教学的可观察点进行了全面的解构。这些维度和视点具体、细致、翔实，直指课堂教学的每个角落，若是能据此持续跟踪观察某类课堂，对更新教师教学观念，改变教师教学行为，发展学生综合素质肯定是非常有帮助的。

回顾我曾经经历的研究活动，在听课评课形式上也经历着一个逐步改变的过程。最初沿用的是这样的听课评课模式：携一本听课本进入课堂——坐在教室后面听一节课——课后听执教者说课后感受——听课人员谈自己的听课感受，提出建议。在这样的模式下，执教者、听课者、学生站在三个没有交叉的平台上，各自述说，特别是评课者，大都站在自己理解的角度，谈论该如何教学。至于"所听内容的课标依据是什么？""学生学情是什么？""执教者的个人特质是什么？"考虑甚少。再细化一点，听课者对"该观察什么""怎么观察""如何评价观察点的准确性、科学性、有效性"等缺乏明确的认识或者准备，所以往往是热热闹闹讨论完后，执教者还是一片朦胧。

而我校去年推行的 LICC 课堂观察就是通过观察对课堂的运行状况进行记录、分析和研究，并在此基础上谋求学生课堂学习的改善、促进教师的专业发展。课堂观察应从课堂的主体（学生）和教师两个方面来进行。观察应按一定的流程，借助科学的手段进行，并对数据进行分析。课堂观察是一种专业活动，一次完整的课堂观察必须包括课前会议、课中观察与课后会议三个阶段。反思这种观察行为，我们也发现了一些问题：第一，由于课前分配了任务，观课者都十分关注自己的观察点，但是在其他观察点上则无事可做；第二，观察点主要指向环节能否达成目标，观察点相对抽象，不好观察；第三，对观察的记录和描述存在问题，有的是结论性描述，有的是过程性描述，有的是对话式描述，有的是状态描述，由于描述标准不一，对课堂观察的分析就存在差异。

以上三点，使我们的观察形式化的东西多于实质性的东西。

对此，我们物理组对"课堂观察表"进行了优化。围绕我们的研究主题，重点对观察描述提出了几点要求。一是观察学生交流环节中的参与情况，包括参与时间、参与次数、参与状态；二是准确描述一个印象深刻的学生交流活动场景，表述要客观、准确，不作模糊的价值判断；三是学科核心素养与物理课教学设计上的高度统一。根据这三点要求，老师们的观察任务贯穿一节课始终，在描述时有了明确的参照物，因此，老师们的观察描述基本能还原课堂情境，再现教学问题，突出问题根源。往往描述一结束，就能引起大家共鸣，然后提出可操作的建议。借助观察表进行课堂观察和课后研讨，大家都觉得切入点更实了，思考程度更深了，问题发现更准了，方法途径更有效了。

起步于此，我认为，LICC 课堂观察这种听课评课模式，对视角和观察点解构得越详细，教师的评价越有针对性、指向性，执教者对自己的教学改进措施就越明确。从这个角度说，LICC 课堂观察是现实的需要，也是教师成长的需要。

47．教研纪实：物体浮沉条件及应用

——从"研教"到"研学"，以"教研"促"教学"

教研活动是教学的重要组成部分，是教师成长进步的"扶手"，是教学质量提高的"助推器"。高效的教研活动能促进学生全面发展和教师专业成长，促进教学质量的提高。

今天上午，我们组织了八年级物理组关于"物体浮沉条件及应用"的大教研。大家在研讨争论中，加深了对物体浮沉的认识和理解，不断反思自己的思想认识和教学方式，从"研教"到"研学"，以"教研"促"教学"。

主备老师利用课件从教材地位、课标要求、学情分析、教材重难点、教材设计等方面进行了主备交流，全体老师紧紧围绕研讨主题，畅所欲言，发表自己的疑惑和感悟，然后其他五位老师结合研讨的情况，对教材资源的使用、教学内容的设计、教学层次的重组、教学效果的呈现、教学任务单和跟进性练习的设计等几个方面逐一发言，从注重"研教"转向重视"研学"，带着研讨交流的收获与反思改进我们的教学，使我们的物理教学更顺应学生的发展需求，构建真正的"学习共同体"。真正通过研"教"研"学"，提升教师的学科素养，善思才能致远。

一、教研会感悟心得之一

今天的教学研讨交流会，使我收获良多。尤其是在如何把握高效课堂的建立上，有以下几点思考，跟大家分享。

1．把握课时

一节课的课容量要在合理的范围内，不求知识点一次性全部讲给学生，而是分批次和分课时地由浅入深，分层次传授给学生。以物体浮沉条件为例，第一节课讲至物体的浮沉条件的判断，稍微引入密度和漂浮、悬浮常见例子即可，其余内容（如密度计、轮船、潜水艇）放至后几节课。

2．创设情境，以题带点

例如，利用密度判断浮沉的方法，以铁在水中下沉和在水银里漂浮为例，引发学生思考，从而寻找规律。

3. 分清主次，把握主线

对于物体浮沉的判断，抓住物体受到的浮力与物体重力大小的关系，这是教学的主线，讲课时围绕这条主线展开，配合助学题目的提升训练，加深对主线内容的理解，学一块，练一块，提升一块。对于能力点较多的章节，根据学情及时调整教材内容，同时对学生理解起来有难度的内容，可以化难为简，以一种简单易接受的方式先呈现给学生们，让他们有个熟悉的过程，思维上先有大致的感受，再进行理论提升，更易让学生接受。

4. 结合实例，善于总结

结合生活中的实例。例如，春暖花开、冰雪消融、冰浮在水面上的原因等，助推学生对浮沉的理解。善于总结物理中的思想方法，例如排液法或公式法、平衡法或特殊法等，同时紧跟时事，学科互溶，适时切入德育。

5. 反思和改进

（1）对于训练题的研究无论是质的方面（提炼、融会贯通、创设情境）还是量的方面（一些不常见的题目及较难的题目）都不足。

对应措施：多做题，多思考。

（2）对一节课的容量把握不准，容易啰唆，留给学生思考的时间少。对此，要多研究教材，理出重难点，多向老教师请教，提高自己的教学能力。

（3）掌握必要的 PPT 技术，提高语言的艺术，向于老师的 PPT 学习。利用 PPT 呈现的美感和逻辑性，能更好地为课堂服务，让学生了解授课的内在逻辑，帮助学生培养科学谨慎的逻辑思维能力。最重要的是，设计哪些内容，用哪些环节能让学生主动学，学得清晰，在潜移默化的情况下，攻克难点和疑点，在环节设计和直播互动设计上需要自己多思考、多观察。

二、教研会感悟心得之二

今天我们八年级物理组对物体的浮沉条件及应用进行了大教研，这次教研给我们很多思考：

有一个好的引入是成功的一半，也是激发学习兴趣的关键，物理备课组长于老师，提出了多个引入的例子，如泰坦尼克号、潜水艇。复习提问的形式，要选择适合自己的内容，引入自己的课堂进行教学。于老师对物体浮沉（上浮、悬浮、下沉）条件的讲解，采用动画的形式让学生从力的角度分析，激起学习兴趣，又回忆巩固之前的学习内容。其中浮沉条件判断的第二种方法，利用密度比较浮沉的动画课件"苍茫大地，ρ 主沉浮"来进行总结，增加了物理的趣味性和可接受性。

对于浮力的应用于老师有轮船、潜水艇、密度计等视频，结合例题的形式来让学生掌握，有很多值得学习的地方。

本节课给了我们一些建议：

（1）复杂的问题简单化，要由浅入深。物体浮沉条件的判断对学生来说有一定的难度，可以类比第 8 章的运动和力的关系，进行受力分析，使学生对物体浮沉的条件不至于陌生，在新课讲授上要结合学过的内容，分层次推进。

（2）结合学情，及时调整课程安排。本节内容对学生来说有一定难度，要根据学生的实际情况，分为多个专题课时，分清重点来展开教学。

（3）要注重前后知识的衔接，了解学生的前置概念，提升学生建构知识的能力。物体的浮沉条件与应用作为新授课要结合学生前期的知识储备，从运动状态、受力分析的角度（浮力和重力的大小关系）入手，同时结合浮力的四种计算方法来进行，通过问题的层次叠加，构建新的知识框架。

（4）把握重难点，理清主次。对于物体的漂浮状态和悬浮状态的区别，可以结合实例，通过设置追问问题，使学生明晰辨别的方法。

物理学科教学的路上需要学习的内容还有很多，我将一直坚持在努力奔跑的路上！

三、教研会感悟心得之三

在疫情的影响下，教学场所和教学方式都有了新的转变，空中课堂和直播为学生的居家学习带来了便利，但是这种方式的局限性也不可忽视，其中就包含对教师教研的影响。漫长的假期之后，学校组织了这次面对面教研，让我对教学工作有了进一步的认识。

一方面是关于如何处理知识的讲解。在以往的课堂上，由于不放心学生对重难点的理解是否准确，我习惯于"灌输式教学"，偶尔提问学生几个问题，剩下的部分都是自己在讲。其实这样效果并不好，不仅使学生的学习变得被动，而且会削弱他们对问题的思考，难以获得抽象思维能力的提升。通过教研，我深刻意识到自己的问题，课堂的主体是学生，我们不能因为一时的担心，而错失培养学生能力的机会。在教学中，适当地把一些问题交给学生去解决，教师负责把知识简单化处理，讲清楚、讲透彻，对于难以解决的问题，再及时地予以点拨和指导，让学生真正理解、学会运用。

另一方面是关于教研时的思维碰撞。个人的思维和能力都有所局限，因此团队合作必不可少。看了"物体的浮沉条件及应用"这一节，我只想到把探究物体的浮沉条件作为重点，而如何运用它解题、如何在理解的基础上进行巩固都被忽略了。

联系上一节课"阿基米德原理"公式的应用，我总结了又一不足之处：课上时间有限，知识点讲解占用时间太多，导致学生们缺乏练习，解题困难。对于新知识，学生需要一个适应的过程，很难在一开始就做到熟练运用，一味地拔高只会打击他们的自信心。另外，对于题目的难易程度，我们不能总是站在自己的角度，而应该学会转换一下角色去判断、去思考，让教学更贴合实际，让复杂的内容变得有吸引力。

48. 教研纪实："浮力"单元复习
——在研讨中成长

教研活动在我的组织下，本着"共同进步，共同提高"的原则，围绕浮力的单元复习，由主备教师展示本章复习思路，其他老师根据主备，纷纷发表自己的想法和看法，通过听一听、议一议、学一学、想一想、谈一谈、思一思来共同探讨浮力单元复习方法的最优策略。

本次的教研主题是浮力的单元复习，这一节对初学的八年级学生来说有一定的困难，学科综合性较强，疑点和难点较多，如何把这样的一节内容通过复习课让学生更清晰明了，需要我们结合自己授课时的体验，学生作业中呈现的问题，还有研讨中突现的灵感，来确定复习方向和方法。

老师们在研讨中，带着自己的问题和想法，把自己的观点和思考都呈现给大家，既做学生也做老师，既分析学情也分析教法，因为我们知道，教研不是走形式，走过场，我们要把教学能够达到的效果放到自己的教学实践中，学源于思，思源于疑，小疑则小进，大疑则大进。

在研讨中主要围绕两个方面。首先，研究教学的学习方法，培养学生的研究性，做到"授人以鱼，不如授人以渔"，使他们做到举一反三。其次，研究教学对象——学生，正如兵法所说，知己知彼，百战不殆。只有了解学生的基础、兴趣、爱好、前置认识等，才能成为他们的良师益友，才能因材施教，有的放矢，才能提高教育教学效果。

通过这样的大教研活动，能够促进老师们向优秀教师学习，不局限于自身的水平和能力，及时借鉴先进的教学思想和理念，以及先进的教学方法和教学艺术，促进年轻老师的专业成长。

一、教研会感悟心得之一

上午的教研会仅仅围绕浮力的复习展开。头脑风暴之后，每位老师都毫无保留地展示了自己的教学设计，收获满满。留给我最深的感受就是教师应提升自己创设课堂的能力。我有以下几个方面的思考，和各位老师分享。

1. 创设阶梯——纵向思维升级

以图1中的称量法测液体密度的试题为例，弹簧测力计拉着同一个石块先后浸没在已知密度的水中和未知密度的盐水里，求盐水的密度。假如直接问盐水的密度，可能对于大部分初学学生来说，很难快速找到解题思路。但是，如果教师在题目中增设几个递进性问题，就能对学生理解问题起到点睛的作用，比如求解石块在水中受到的浮力、石块的体积、石块在盐水中受到的浮力、盐水的密度。所追问的问题其实就是解题的思维过程，这样学生可以自己找到解题思路，轻松解出此题，获得快乐的成功体验，激发学习动力。

基础题和提升题之间可能只相隔一问或几问的思维过程，如何将学生思维从低阶层提升到更高阶层，如何创设阶梯帮助学生思维升级是我认为值得关注的问题。

小明将重为3 N的石块挂在弹簧测力计下端，先后浸没在水和盐水中，石块静止时弹簧测力计的示数如图甲、乙所示，求 ($\rho_{水}$=1.0×10³ kg/m³, g取10 N/kg):
(1)石块排开水的重力;
(2)烧杯中盐水的密度.

2 N   1.8 N

水   盐水
甲   乙

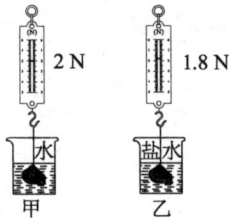

图1 称量法测物体的密度

2. 创设桥梁——横向打通相关知识点

解题中我们要善于发现不同类型题目的内在关联，要在研究的过程中找到它们的共性，提炼规律和思维方法。比如上面的这道计算题可以变换成一道实验探究题，通过实验探究可以在帮助学生理解题目的同时，提高作为短板的实验探究能力。比如压强和浮力这两个章节，通过一些典型的题目（物体漂浮，求物体下表面所受压强）加深对浮力产生条件和压强定义的认识。从另一个角度来说，中考的题目常常出现几个章节整合的题目，让学生适应这种整合性题目的思维过程也有利于他们科学思维能力的培养。

一味地对学生采用题海战术是一种愚笨的策略，但作为教师的我们要沉浸在题海中，通过对不同题型的变形整合，提炼出一题多解、多题一解、一题多变等方式提升学生的学习效果，达到做一道题会一类题的目的。

3. 创设陷阱——先犯错后改进

物体排开液体的体积一定等于物体的重力吗？这是学生在解题中经常犯错的典型思维误区。针对这种误区，我们经常直接告诉学生注意物体排开液体的体积不一定等于物体的重力，只有浸没的情况下才正确。李老师提示我们，其实还可以创设一个陷阱，让学生按思维误区进入设置的陷阱内，通过研讨反思，找出自己的问题，走出误区，这种体验比起直接警示告诫，效果一定要好得多。

4. 创设主干——构建思维网络

零零碎碎的知识点，一点点地讲给学生不难，但如何把这些知识点用主干串起来，构成清晰的思维网络，需要更高层次的把握教材。如果说创设阶梯、创设桥梁这两点在于变，那如何让"变"不显得"乱"？我想，除了对题目内在的熟悉及巧妙的设计，还需要明确教学目标、把握主线，才能收放自如。王校长提醒："要用文字固定思路，提供思维的落脚点。"对我也很有启发意义。

本次教研课上，我们再次意识到，要重视学生的思维特点。就像丁老师所说，学生的思维停留在一个特殊的位置，可以经过老师的提醒完成逆向思维，但学生自己独立做题时，由于做题的思维定式又会常常忽视逆向思维，比如对于浮力的计算，学生习惯于用找密度、找排开液体体积来计算，容易忘记最基础的"浮力的大小等于排开的液体受到的重力"。学生还容易出现偷懒性思维而做错题。教师既需要提供题目，提供一些做题技巧来建立正确的思维定式快速做题，也需要防止学生思维定式产生的不利影响。这些都需要教师充分了解学生学情后才能更好地施教。

二、教研会感悟心得之二

这周的教研内容是浮力的计算，计算题一直以来都是最容易被学生抛弃的部分，尤其是浮力的计算，看似方法多、计算量小，实则更注重技巧，也就是方法的选择，这一点更突出了教师在引导学生梳理解题思路的关键性作用。通过教研，我对这部分的教学获益匪浅。

第一，理清思路，化难为易。作为教师，在教学前我们一定要整理好自己的思路，这样才能顺利地引导学生思考、解决问题。对于一些高频考点，要学会多总结方法。例如关于浮力大小的判断，李老师分享了宝贵的经验——做题时首选阿基米德原理法，如果行不通，再根据物体的浮沉状态进行分析。这样一来，学生在练习的同时可以反思领悟，逐渐熟悉并且能够灵活运用方法。另外，题目的设计要由易到难逐步过渡，在多个简单的计算中，巧妙解决疑难问题，从而降低题目的难度。

第二，排除错误，纠正思维。对于浮力的认识，学生们存在许多误区，而且屡错屡犯。为了帮助学生在这方面有所突破，于老师汇总了常见的错误认识，并附上纠错的方式方法。我在恍然大悟的同时，也意识到了教学不只是传授知识、做对题目这么简单，还应该用心收集日常教学中的问题，积极参与研讨，在倾听与反思的过程中，找到相应的解决方法，逐个击破问题，由此在教和学中获得质的提升。

三、教研会感悟心得之三

四月的最后一天，我们展开了线下的第二次教研活动，在这次教研中，我发现了自己的很多不足之处以及需要改进的地方，值得庆幸的是，这都是在我授课前发现到的问题。

首先，知识的呈现，我发现自己的条理性不足，层次性不明显，在这方面于老师有很多值得我学习的地方。比如在复习时采用了专题式复习模式，这样不仅知识点清晰明了，而且整合度非常高，便于学生系统清晰地理清知识点。而我之前完全没有意识到这点，只是在为了复习而进行简单的知识点罗列。

其次，考点的把握，我还远远不足，在李老师展示并解读了她的浮力中考复习课件后，我就发现了自己对考点把握的偏差，中考中浮力的内容多以实验题和解答题的形式出现，而我在教学中却把重点放在了选择题上，当然我不认为这是错误的，但这却是片面的，而片面的后果将是严重的，我必须认识到考点的重要性，及时调整和把握自己的教学侧重点。

最后，复习方式的选择，不得不承认王校长在这方面对我有着非常大的启发。他提出的三点让我感触很深：其一，共享典型错误，简单来说，就是通过教研这样的机会让每位老师分享学生犯的典型错误，这样集思广益，把典型错误再反馈给学生避免再犯；其二，优秀实例展示，这就需要教师在平时作业的批改中，发现并截图保留下优秀的作业，并让同学们模仿与学习，以促进自己解题能力的提高；其三，变式训练，通俗的说法就是以点带面，拓展出各种题型各种方法，并解决学生的一些认识误区，如上浮的物体比下沉的物体浮力大等，这些都可以在变式训练中让同学们得以训练。

两个多小时的教研真的很短很短，而我接下来要走的路却很长很长，但我不会气馁不会松懈，我将以每天进步一点点的态度，来成就一个比昨天更优秀的自己！

四、教研会感悟心得之四

本次教研主题为第十章浮力的复习。教研是探讨学习的过程，对教师来说，更是不断提高自己教学能力的过程，通过教研活动可以更加清晰认识到自己教学过程中存在的不足，比如该如何复习浮力、浮力专题有哪些、如何突破重难点，如何让学生更容易接受。针对这次教研简单谈一下我的收获。

首先，通过这次教研我发现复习课难在题目的选择上，而浮力本身就是重难点。李老师给我们展示了浮力复习课件的内容，重点突破的是复习题目的选择、环节的设计。如何引导学生思考不受浮力的情况有哪些？浮力大小为什么与深度无关？物体处于漂浮时如何计算压强？浮力大小的判断、浮沉条件、综合类大题和实验题该如何去解决？

其次，在教研过程中，我们要自问，作为教师是否知道学生的惯性思维，是否知道他们的想法？该如何引导让学生走出思维误区？要提醒学生，不要害怕犯错，犯错才有改正的机会。复习课件中很多题目设计的严谨性和引导性都超级赞，通过每次的教研，我们八年级物理组的小伙伴们也在不断成长，不断前进。相信通过这样的研讨，我们一定也可以成长为自己想要成为的教师的样子。

五、研讨会感悟提升篇——风筝论

四月的尾巴，被我们紧紧地抓住。就在今天，八年级物理组开展了一场让我受益匪浅的教研活动，虽然放风筝的季节已经过去，但教研何尝不像在放风筝呢？我并不知道这个比喻是否恰当，但我依然想浅谈一下我的一些个人体会。

目标就是风向。放风筝，相信大家都玩过。放风筝前首先要观察风向，这不就像我们教研活动开始前确定的目标吗？就像今天李老师为我们确定的教研主题——浮力的复习研讨。

风筝的高度由线的长度来决定，教学的深度由学生来体现。线的长度是一个定值，但风筝的高度却可以随情况调整，这让我联想到在教研中李老师提供的课件、习题及相关资料，就像放风筝的技能、技巧一样，到位而全面。但我们在放风筝时，如何将技巧、技能呈现出来，是把手中的线全部放出去吗？答案当然是否定的。虽然风筝的线是足够长的，但需要在教学中放出多少？放多快？用李老师的话来说就是"一切由学生的学情来决定"，我对这句话的理解是，学生的学情决定教学的走向，而非教师的主观决定教学的方向。正如今天教研时李老师提到的要敢于"舍"，对于这个"舍"，我的理解是放风筝时我们的目的是让风筝可以在空中先飞起来，然后再根据情况逐渐提升风筝飞翔的高度，不能一次性把手中的线放完，而不管风筝是否可以飞起。风筝的上升是一个过程，就像学生对知识的学习一样。我们的教学要看学生理解到了什么程度，学生理解到哪里，线就放到哪里，宁可慢一点、缓一点甚至是停下来稳一稳，也要让风筝在空中稳步上升，而不是一松手，线是全放出去了，风筝却栽了下来。

通过这次教研让我深刻地体会到，知识的传授不是一蹴而就，不是越多越好，重中之重还是学生的状态，学生的状态才是决定自己传授知识的多少、快慢的关键。

课堂教学是一种师生双边参与的动态变化过程，在课堂上，每一个学生都是一个生动的独立个体，他们是主动求知与积极探索的主体。教师是教学变化过程的设计者、组织者、引导者，是为学生服务的。教师在决定教什么与如何教时，应当全面考虑学生的学习需求、认知规律与学习兴趣，着眼于辅助、激发、促进学生的学习。也就是说，教师要进行学情分析。

49．教研纪实：功率

——教研促教师成长

一切教学皆有问题，以解决教学问题为目的的教研，是我们目前最推崇的研讨方式。我们可以设立研究问题，依据问题可以指导教师从课堂教学五大要素，即教学目标、教学内容、教学方法、教学过程、教学评价中找出个人存在的最突出的问题，引领他们的个人成长。在教学中，年轻教师普遍存在教学目标设置、达成和评价不一致的问题，我们可以指导教师以目标导引教学的研究与实践，引领教师的教研目标和方向，也帮助老师们确定研究项目和主题。通过项目带动教师开展教学研究，让研究不再是"一纸空谈"。

在八年级线下物理的大教研活动中，我看到了每周进行的空中课堂直播课程安排，看到了为跟进课程效果所进行的云课堂测试题的选择、批阅和分析，看到了为讲好每节课所做出的努力，包括主备课件的制作、习题的选择、学生错误的收集归类等，这一切都让我感受到他们对待物理教学的专注与热爱，感受到他们的成长。

在教学中，年轻老师确实需要这样的研讨活动，在活动中思考和把握每一个章节、每一个知识点、每节课的重难点。

作为新老师，他们有时可能把握不住重点，觉得需要讲的内容都很重要，于是面面俱到，难免讲授过多；同时，由于在作业跟进中发现了学生的易错问题，难免在授课中对学生出现的问题反复提出，反而冲淡了当堂课对重点的突出。通过这样的研讨，我们能够结合年轻老师展示的备课思想，提出一些教学的策略和教学方法上的指导。如何突破教材中的重难点，而舍弃旁枝末节？如何为突破重难点而设置陷阱，让学生从错误的迷雾中走出来……在这个过程中分享经验，分享成果，也分享成长。只有这样，年轻老师才会在一步步的磨砺中快速提升。教研的实质就是学习和成长。

让教师走群体发展的互助之路。教师成长仅靠个人自觉，往往会有始无终，难以持续。必须建立教师群体成长的组织，并制定相应的机制，让教师在相互支持下抱团发展。

每一个教师都是一座高山，都有自己的亮点。促进教师专业成长就是要发现和点亮教师的亮点，让教师走特色发展之路。特色是什么？特色是做自己最擅长的，实现个性张扬和自我超越，做最好的自己。

一、教研会感悟心得之一

第一，精选展示内容，明确掌握程度。在 A 老师展示生活中常见的一些例子的功率大小时，其中很多例子离学生很远，学生不熟悉，不了解，这对学生意义不大，我们需要呈现给学生身边熟悉的但又不是特别清晰了解的实例。比如学生骑自行车的功率、步行的功率、爬楼的功率等，其他例如蓝鲸喷水的功率可以通过解释功率数值的物理意义来加深对功率的理解。

第二，突出重点。授课 PPT 课件展示的内容过多，感觉都是重点，强调得又过多，这种觉得哪里都是重点的思想，反而让学生觉得哪里都不是重点了。部分班级的学生曾经跟我反映，说我讲课时任务过多，而我却一直自我感觉设计的题目不算多，课堂容量应该是合适的。虽在此之后我有了刻意控制课堂容量的意识，但还是比较迷茫，今天在这个瞬间，才有点顿悟了，授课的精炼来源于课前全力以赴的备课。对于重点内容要使用巧妙的方法去突破，去设置相应的练习题去巩固。

第三，信任学生，放手给学生。把一些学生自学就可以掌握的问题由学生自己解决。例如，在学习过速度、压强等比值定义法的物理量后，可以让学生自己尝试解决"当功和时间都不相等时，如何比较做功快慢的问题"；同样，还有关于使用国际单位制的换算问题，学生已接触物理量换算半年有余，放手让学生去大胆计算，若出现问题，可结合错题进行强调，达到提升巩固的目的。在了解学生的学习基础上信任学生，"放手"给学生，学生自己得到结论，自己做作业犯错误从而得到经验教训，一方面理解到位记忆深刻，另一方面学生自己发现的知识会减少学习的疲劳感。

第四，多积累，修炼"例子的艺术"。同样是想到了空调上有功率这件事，有老师想到把带功率的标签拍照作为一个了解生活中常见的功率的形式呈现，但是有的老师可以适当补充到"匹"的知识，还有的老师可以在区分"功"和"功率"的时候举出空调功率的例子，功率大的不一定做功大。例如，空调不通电或者通电时间极短，功率再大做功也不大。干巴巴的功率大的不一定做功大，这样总结性的话是不容易记住的，但再加上一个简单易懂的例子，效果就完全不同。一位老师在提及摩擦力学习时，提到电动车匀速时乘客不受摩擦力的例子，语言诙谐，画面感十足。由此可见，用贴近生活的例子、用简单的语言可以更好地帮助学生理解有些难度的知识。例子的选择和处理方式无一不在体现着教学的智慧、教学的艺术。

二、教研会感悟心得之二

本周教研的主题是《功率》，这一节是在学习机械功之后，从做功快慢的角度认识功这个物理量。功率在实际生活中具有重要意义，也是后续学习电功率等知识的基础。通过教研，我对功率的教学有了更深刻的认识。

第一，注重对学生的引导。在认识功的基础上，怎样引入功率的概念？学生在学习过程中往往容易混淆功率与做功的多少，所以对做功多少与做功快慢的区分是关键。另外，八年级上册学习过速度这个概念，我们可以运用类比的方法给出功率的定义。比值定义法是学生们已有的认识，可以通过提问的方式，让他们主动思考"怎样得出功率的定义？"对学生适时地放手，将部分知识的理解交给他们独立完成，给学生多一些思维锻炼的机会。

第二，简单的问题切忌复杂化。上一章浮力的问题较难，我们要做的是把复杂问题简单化，而功率这部分的习题较为简单，我们在处理时容易把握不到重点，顾此失彼。我们要明确重难点，课本上的内容是核心，而如何把核心讲透彻讲清晰，让学生真正会运用知识解决问题，才是作为教师应有的意识。处处强调知识点反而让学生找不到重点，增添学习的心理负担。要允许学生做题时犯错误，再进行有针对性的纠错，学习效果会比之前要好。

正所谓学无止境，每一节课、每一个知识点的教学都有不同的学问，教研中的思维碰撞让我们成长更快。

50. 教师成长的支点

教师的专业发展主阵地是课堂，在专业成长之路上，虽然有许许多多的事要做，但首先要做好的还是如何把课上好。

有理想、有追求的教师，应该为了好课堂而不断塑造自己，教师的蜕变之路，必定是经历了教学的模仿、独立再到创新的过程，要真正实现教师自我生命的成长，还需靠近"高人"，还需要寻找成长的"支点和途径"，这就是教研的意义所在。

经验人人都有，如何对已有经验进行分析与反思，才是教师成长的关键。叶澜教授说："如果一个教师仅仅满足于获得经验而不对经验进行深入的思考，那么即使是有 20 年的教学经验，也只是一年工作的 20 次重复。除非善于从经验反思中吸取教益，否则就不可能有什么改进。"教师的专业发展主阵地是课堂，"上好课"才是教师成长的支点。

一、备课：成长的"入门点"

说到备课，许多教师都简单地理解成写教案，其实备课应该是一种教学设计，是课前的预设。常规的备课就是备教材、备教法、备过程（细节）、备学生（如何学）、备教师（怎样教）。

的确，每一节课教师要关注的问题是多方面的。这就要求教师要对所教授内容的目标、教材编写特点等了然于胸，同时结合学生的实际，使拟定的教学目标处于学生的"最近发展区"，即"跳一跳能摘到果子"。对关键点、重点、疑难点务必备透备精。把学科知识的主体、重难点突破的关键、问题创设与思维培养、知识形成的过程与方法作为备课的重点。

备课是教师的教学常规，也是一个教师成长的"入门点"，深入钻研备课的艺术和技能，是教学入门难以逾越的一个步骤。

二、磨课：成长的"支撑点"

磨课，就是磨尽同课之精华，养出自我之新意。磨课是一个深度的研课过程，要在吸取别人亮点的基础上，演绎出自己的特色和见解。磨课时一般要通过参考、比较、思索，寻求课的优质有效。

磨课的内容：磨目标——这节课究竟要干什么？磨教材——课堂需

要怎样的教材？磨环节——哪些是课堂必备的环节？磨学生——学生可能出现哪些问题？磨细节——该提什么问题，如何反馈？

教师通过磨课，不断切磋、研讨、设计、实践、反思以致循环往复、不断飞跃，这对教师专业发展有着十分重要的意义。

三、悟课：成长的"着力点"

悟课，是教师对上课境界提升的一个重要环节。就教师个人备课而言，研究教材、研究学情和善于反思教学的过程，其实就是善于"悟课"的过程；就教师群体备课而言，思想火花的碰撞，集思广益的达成，其实也是善于"悟课"的结果。可见，悟课是对自己的教学活动的理性观察、思考。在思考中升华，悟出课的本质与精华，悟出课的重点与难点，悟出教会学生的法门。

教师如果对要上的课入脑入心，上出一堂精彩的课，只需要一支粉笔就够了。教师备完课之后，一定要静下心来理性地反思一下，以便提升自己的课堂感悟力。"悟"的过程是将各种教学理论、教学技巧与自身的特点相结合的过程，是一个理论的内化过程。没有"悟"的过程，就没有教师个人教学风格。因此，教学反思被认为是"教师专业发展和自我成长的核心因素"。

四、品课：成长的"发展点"

品可以理解为品尝，也可以理解为品味。品课，可以是品自己的课，也可以是品名师的课。品味课堂，品味过程，品味亮点，品味自己，品味学生，反思不足，改进方法。

名师的课风格各异，充满魅力。他们有的妙趣横生，有的情智交融，总善于运用自己的智慧唤起学生探究的欲望和热情，使学生在探究知识的过程中学会学习，在学习中学会创造，使每个孩子带着好奇、充满信心地跃入学习乐园，他们的课会让你回味无穷。

教师对自己的课更要品一品，品出其中的得与失，品出其中的优与劣，品出差距，品出自我，品出个性与风格。只有细细地去品味，才能获得其中的奥妙；只有细细地品味，才能更好地去发展自己。

教师成长是一个锲而不舍的探索过程，需要正确的途径。教师成长是一个负重前行的修炼过程，需要有力的支点。希望我们都能在教学中把握这些支点，发力精准，自觉努力成长！

第五篇
教学设计

　　所谓课讲得有趣，就是说：学生带着一种高涨的、激动的情绪从事学习和思考，对面前展示的真理感到惊奇甚至震惊；学生在学习中意识和感觉到自己的智慧力量，体验到创造的欢乐，为人的智慧和意志的伟大而感到骄傲。

——《给教师的建议》

51．教学设计：密度（第6章第2节）

一、教学目标

1．知识与技能

了解密度的物理意义，会用密度知识解决实际问题。

2．过程与方法

通过实验认识到同种物质的质量跟体积成正比，不同物质质量和体积的比值一般不同，密度是表征物质特性的一个物理量。

3．情感态度价值观

通过探究活动，培养运用物理知识解决问题的能力。

二、教学方法

实验法、对比法、分析法、推理法、探究法。

三、教学准备

实验器材：学生天平、砝码、6个盛有不同物质的瓶子（每个空瓶的质量和瓶内所装物质的体积已经填写在纸上并贴在每个瓶壁上）、坐标纸、实验记录单。

四、教学过程

（一）实验探究流程

密度的教学属于实验探究的教学。

（1）探究一：生活中区分物质的方法。

① 体积相同，比较质量。

② 质量相同，比较体积。

（2）探究二：借助质量和体积可以区分不同的物质。

（3）探究三：区分哪些瓶内所装的物质是同一种物质。

每个组准备了6个瓶子，里面装着不同的物质，能否通过测量瓶内所装物质的质量和体积来区分不同的物质，找出哪些瓶子里装的是同一种物质。

（二）实验方法设计

为了突出重点，突破难点，使学生充分地动手动脑，并更好地把教师的主导作用与学生的主体作用结合起来，本节课采用了科学探究的方法来形成科学概念。让学生分别测量瓶内物质的质量和体积,并将测得的结果填入事先设计的表格内,然后引导学生分析表格中的数据,发现其中的规律,进而引出密度的概念。这一教学方法包括了实验法、对比法、分析法、推理法,是一种综合性的教学方法。

大家都知道"授人以鱼,不如授人以渔"的道理,培养学生的学习方法是教师研究的一个永恒的主题,任何一个好的教法都必须能够培养好的学习方法。由于物理学具有实践性、理论性和研究问题的科学性特点,学生的学习方法也要符合这些特点。物理是以实验为本的科学,让学生进行观察实验是学好物理最有效的方法。在实验中激发出兴趣和求知欲后,再进行分析整理,进而达到实验与理论思维的高度统一,这样对知识的理解和记忆才是最深刻的。

(三) 实验过程设计

课堂教学是学生物理知识的获得、技能技巧的形成、智力能力的发展,以及思想品德的养成的主要途径,本节课共分 6 个环节进行设计。

1. 创设情景,提出问题,激发学习动机

在新课导入环节,利用一个鉴宝视频设置问题情景导入,引发学生想要学会鉴宝方法的欲望,紧接着提出问题:如何鉴定老师手里的手镯是否是银制的? 激发兴趣。

2. 情景碰撞,引发深度思考

利用上节课的探究,发现问题:体积相同的铜、铁、铝,它们的质量不同,所以对于体积相同的物质,我们可以通过测量它们的质量来进行区分。

再出示实验"质量相同的水和酒精,它们的体积不同,所以对于质量相同的物质,我们可以通过测量他们的体积来进行区分。"如果质量和体积都不相同,我们该如何区分不同的物质呢? 可否通过测量他们的质量和体积来进行区分?

[设计意图:这样的设计既说明了生活中物质的区分方法,也根据不同的条件,激发学生的思考和研究欲望。]

3. 学生实验,获取有效数据

问题质疑:桌面上为每个大组准备了 6 个瓶子,里面装着不同的物质,能否通过测量物质的质量和体积,找出哪些瓶子里装的是同一种物质。任何人不得打开瓶子，通过测量瓶内所装物质的质量和体积，寻找规律，开始探究之旅。

让学生以小组为单位进行实验方案的讨论，并利用手中的器材设计实验，证明自己的观点。引导同学讨论可以围绕这3个问题：① 实验中需要测量哪些物理量？② 需要哪些测量工具？③ 怎样设计实验方案和记录实验数据的表格？

为了降低实验的难度，在实验中提供了每个空瓶子的质量和所装物质的体积。组织学生动手实验，在实验中测量、收集、记录数据，并填写表格。

4. 寻找规律，建立密度的概念

这是一个非常重要的环节，它是密度概念建立的基础，把全班同学分成8个大组，每个大组分为2个小组；每个小组选取不同的研究对象进行实验，并将相应的数据记录在表格中，分工合作，共同收集数据。以小组为单位，不同小组选取不同的物质进行测量，一是可以节省时间；二是可以获得更多的数据；三是可以加强组内同学的交流，培养他们的团结合作精神及科学的探究态度。

学生讨论：如何分析实验数据，寻找实验规律？针对实验数据中的质量和体积，采用求和、差、积、商（即比值）这几个方面进行逐一排除。

学生实验结束后，将自己的鉴定结果呈现在黑板上，教师收集几个小组的数据进行展示，并让其小组成员分析鉴定方法，寻找同种物质质量和对应体积的关系，从而建立密度的概念。

5. 利用坐标纸，描画图像，加深对概念的理解

先完成物质鉴定的小组，利用坐标纸，让学生作出 $m-V$ 图像，从中能得出什么结论？小组代表回答："同种物质，质量与体积的比值相同；不同物质，质量和体积的比值不同。"在这里进行提升"这就说明该比值是物质的一种特性，为了描述物质的这种特性，物理学引进了'密度'这个物理量。"

[设计意图：通过设计实验过程，分组完成探究实验并分析实验结论，学生能提高设计实验和操作实验的能力，以及数据分析和归纳的能

力，养成合作交流及质疑的意识，并能够在这过程中体验动手操作的乐趣。]

同时强化得出：不同物质，密度一般不同；同种物质，物态相同，其密度相同。

[设计意图：本环节是为了强化学生对密度的认识和理解，由于密度较为抽象，因此应该从不同的角度进行提升，加强理解，这样也有利于攻破这节课的难点。]

6. 拓展应用，巩固提高

在这个环节中，出示有关课前鉴定银手镯的一道练习题：某小组测出手镯的质量为 36 g，体积为 5 cm³，试问这个手镯是不是纯银做的？（$\rho_银 = 10.5$ g/cm³）

学生很容易解决，也达成了课前他们想成为"小小鉴定师"的想法。

[设计意图：这个环节的目的在于检验学生是否掌握本节课的知识点，并且通过训练将本节课的知识与生活中的实际问题相结合，真正做到学以致用。]

【盘点收获】学生的收获是检验课堂效果的最好依据，在课堂的结尾让学生总结收获，同时提出困惑，对于学生的困惑做适当的点播和引导，对学生提出的拓展性问题可以作为课后思考，开拓学生的思路和视野。

（四）实验改进说明

在教授人教版实验教科书八年级上册《密度》时，对密度概念的建立，通常是取几块相同体积的铝块、铁块、铜块或木块，分别用天平测量一块物块的质量、两块物块的质量、三块或多块物块的质量，根据一块物块的体积，推算两块、三块或多块物块的体积，然后寻找它们的质量和体积的比例关系。经过分析，这种实验称不上是真正的探究实验，学生根据生活经验，不用测量就能明白 n 块铝块的质量是 1 块铝块质量的 n 倍，n 块铝块的体积是 1 块铝块体积的 n 倍，用它来诠释密度的概念，相当于用密度的概念来解释密度的概念一样可笑。设计实验让学生真正理解"密度"，并掌握它的概念，我在《密度》概念建立的探究实验上，做了大胆的改进设计。

（五）实验教学评价

为每个组准备了6个瓶子（每个空瓶的质量和瓶内所装物质的体积已经填写在纸上并贴在每个瓶壁上），里面装着不同的物质，能否利用天平通过测量瓶内所装物质的质量，思考讨论，找出哪些瓶子里装的是同一种物质，并将实验结果记录在实验记录单上。学生实验热情很高，小组合作中开始分工探究。

通过表1，学生很容易探究出：

_____号瓶和_____号瓶内物质为同一种物质；

_____号瓶和_____号瓶内物质为同一种物质；

_____号瓶和_____号瓶内物质为同一种物质。

进一步追问学生，判断的依据是_____。

学生很容易得出：同种物质，质量和体积的比值是一定的，可以用这个比值来表示物质的这种特性，学生对"密度"概念的建立自然生成。

表1　探究物体的质量和体积的关系实验记录

瓶子序号	空瓶的质量 $m_空$/g	装入某物质后瓶子的总质量 $m_总$/g	装入瓶内的物质的质量 $m_物$/g	装入瓶内的物质的体积 V/cm³	你的发现（提醒：计算一下质量和体积相加/减/乘/除）			
					相加	相减	相乘	相除
PZ＿-1号								
PZ＿-2号								
PZ＿-3号								
PZ＿-4号								
PZ＿-5号								
PZ＿-6号								

五、教学反思

1．教材分析

《密度》选自人教版初中物理八年级上册第6章第2节，主要讲授密度是物质本身的一种属性，在生产生活和科学技术上有着广泛的应用。密度是在学习了"质量"之后引入的一个新的物理量，它是初中物理教学的重点内容，也是课程标准中要求掌握的重要知识之一，学好本节知识是进一步学习力学知识的基础，所以"密度"这节课是本章的重点，在全章中起到承上启下的作用。它既是在质量的基础上对物质世界的进一步探究，也是掌握测定物质密度的方法和解决有关密度的实际问题的基础，并为更深入地了解液体压强、浮力等知识做铺垫。科学探究方法的学习和掌握是物理课程的目标，同时也是本节教学的重要内容。

2．学情分析

（1）学生对"密度"这一名词较为陌生，但有一定的"疏密"和"轻重"的认识。

（2）八年级学生对探究教学形式还有某些不适应，但他们有一定的归纳能力、分析能力，能对较简单的物理现象进行归纳并得出初步结论，但用图像法收集与分析实验数据的能力较为薄弱。

（3）学生已经学习了用比值定义物理概念的科学思维方法，但在教学上最大的不同就是密度概念较为抽象，学生需要在探究的基础上进行深化理解。

3．教学重难点

重点：通过实验探究，学会用比值的方法定义密度的概念，并理解密度的概念。

难点：在实验探究的基础上，利用比值定义密度的概念，理解密度是物质的一种特性。

4．教学活动反思

在教学活动的设计中，通过一定强度和新奇性、探究性的实验，有效引导学生探究问题，激发其探究欲望；重视学生的探究过程，使学生的好奇心逐渐转化为探究科学知识的持久兴趣，并引导到运用分析综合的思维活动中去探究一般的规律、用物理规律去解决实际问题，从而提高创新思维能力。

通过科学探究、应用物理知识解决实际问题等活动，使学生逐步形成解决实际问题的能力，养成从经验认识上升到理论认识的科学探究习惯，树立实践是检验真理的唯一标准的观念，从而形成坚持真理、求实创新、献身科学的信念。

　　教学活动的实施，在于我们不断地思考、不断地改进。在进行本节课的设计时，对瓶内所装的物质进行了不断的改进，从小米、食盐、面粉到细沙等，一遍遍实验，一遍遍排除。在这个过程中我感悟到，任何探究方式的改变都需要付出全部的热情和缜密的思考实践。让我们在物理这片广阔的土地上给学生播撒物理思想的种子：好奇心与探究欲、科学方法与科学精神。

52. 教学设计：力（第7章第1节）

一、教学目标

1. 知识与技能

（1）知道力所产生的效果：改变物体的运动状态和改变物体的形状。

（2）知道力的概念和力的单位，知道力的作用效果。

（3）知道力的三要素，能用示意图表示力；知道物体间力的作用是相互的。

2. 过程与方法

（1）经历从许多与力相关的日常生活现象中归纳出力的基本概念的过程。

（2）通过常见事例和实验认识力所产生的效果；了解物体间力的作用是相互的，并能解释有关现象。

3. 情感态度与价值观

在经历从许多与力相关的日常生活现象中归纳出力的基本概念的过程中，培养分析和归纳能力。

4. 教学重难点

重点：力的概念及理解力的三要素；会画力的示意图。

难点：力是一个物体对另一个物体的作用；力的三要素。

二、教学准备

学生准备：气球、橡皮筋、塑料尺、磁铁（两块），大头针、小车等。

教师准备：扳手、带螺钉的木板、多媒体设备。

三、教学过程

（一）设置情景，导入新课

播放遥感三十号07组卫星发射时的视频，提出问题：遥感三十号07组卫星为什么能离开地球，升上天空？大胆说出自己的想法！（创设情景，导入新课）

我们在日常生活中和工农业生产中常常提到"力"这个字。请学生

说出在哪些地方常常提到力？（调动学生的积极性）

力是物理学中一个重要的概念，在物理学中所说的力的含义与生活中所说的力的含义有很大的区别。那么，究竟什么是物理学中的力呢？一起来探究吧！

（二）合作学习，探究新知

1. 交流与讨论

请同学们仔细观察和分析图1中几幅表现力的图片，它们各展现了怎样的情景，你能找出它们当中有哪些共同的地方吗？（学生以小组为单位通过观察与分析，对以上几幅图展开讨论，并从交流中找出它们当中共同的地方）

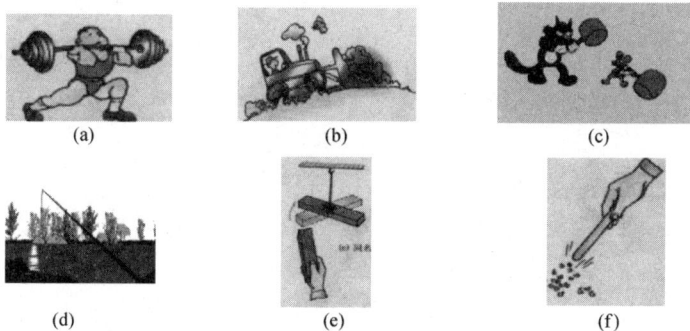

(a)　　　　　　　　(b)　　　　　　　　(c)

(d)　　　　　　　　(e)　　　　　　　　(f)

图1　生活中表现力的情景

组织学生汇报讨论的结果，学生边回答，老师边在黑板上板书：

（a）运动员	举	杠铃
（b）推土机	推	土
（c）猫	打	老鼠
（d）人	钓	鱼
（e）一磁铁	排斥	另一磁铁
（f）带电的玻璃棒	吸引	小纸屑

【加油站】　物理学中，通常将物体之间的推、拉、提、压、排斥、吸引等都叫作力的作用。

从上面的板书中，你能获得哪些知识？（组织学生讨论，进一步提升学生对力的认识）

学生讨论回答：① 力是一个物体对另一个物体的作用，有施力物体

155

和受力物体；② 力必须发生在至少两个物体之间，单独一个物体不能有力的作用，没有物体更不能有力的作用；③ 不直接接触的物体，也能发生力的作用。（对于以上结论，学生的回答可能不尽相同，也可能不够完整，老师在课堂上要根据当时的课堂情景引导学生，使学生对力的认识得到提升。在此过程中，若学生的回答中有关于"力的相互性"的问题，可顺势将"力的作用是相互的"放到这里讲，若学生的回答中没有此类问题，可将其放到"力的作用效果"后学习）

2．动手做做，动脑想想

我们已经知道了力是一个物体对另一个物体的推、拉、提、压、排斥、吸引等的作用，请同学们利用桌面上的仪器或身边的物体，创设有关力的作用的情景。（组织学生动手实验，创设力的作用的情景）

组织学生展示自己创设的力的情景，学生边回答，老师边在黑板上板书（在此过程中，老师有选择地板书学生的例子）

例：

对书施加推力，书由静止变为运动。

用力去拍飞过来的球，球会沿另一个方向飞出。

用力挤球，球会变扁。

用力弯直尺，直尺会变弯。

【加油站】 物体由静到动、由动到静，以及运动快慢和方向的改变，都被认为是它的运动状态发生了改变。

根据上面的例子，很容易得出力的作用效果：力可以改变物体的运动状态，力还可以改变物体的形状。

3．提炼新惑，交流讨论

在刚才同学们所举的例子中我们发现，人用力向下扔球，球却被向上弹起，这是为什么呢？

体验与感受：① 用手拍桌子；② 学生两只手互相拍打；③ 用手拉橡皮筋。询问学生有什么感受，为什么会有这种感受？（学生在讨论中归纳总结一个物体在对别的物体施加力的同时，也要受到别的物体对它施加的力）

学生参与的演示实验：两位分别穿溜冰鞋的同学，其中一位同学用力推墙，请观察现象，并思考为什么？两位同学对推，请观察现象，并思考为什么？

通过刚才的实验使学生进一步认识到：物体间力的作用是相互的，力总是成对出现的。

回归课前提问：遥感三十号 07 组卫星为什么能离开地球，升上天空？（学生根据刚才的认识很容易回答这个问题）

4. 解决问题，探究新知

从上面的学习中，我们认识了力，知道了力的作用特点，老师正有一个问题需要同学们帮忙解决：老师出示一块木板，上面拧有一颗螺钉，给学生一个扳手，请学生想办法把它从木板中拔出来。

学生以小组为单位讨论解决方案，老师巡视收集学生的典型方案。

组织学生说出自己的方案，并阐述自己的理由。

同学们的设计都很好，我们从中抽出几种设计方案。请同学们讨论一下，哪些可以影响力的作用效果。

学生讨论，从图 2 四幅图中很容易得到，力的大小、方向、作用点都可以影响力的作用效果。在物理学中，它们被称为力的三要素。

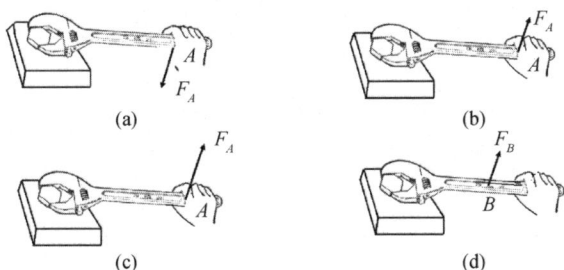

图 2 用扳手拔螺丝

请同学们从图 3 三幅图中找一找，它们各是什么因素影响了力的作用效果？（学生通过讨论，对力的三要素的认识加深）

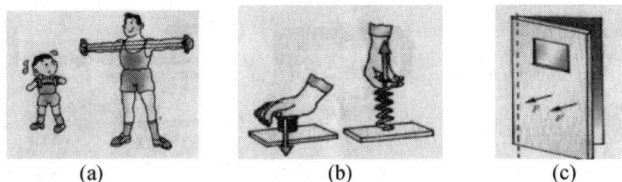

图 3 影响力的作用效果的因素

【加油站】 在物理学中，力的单位是牛顿，简称"牛"，用符号

"N"表示。这个名称是为了纪念英国科学家牛顿而命名的。1 N 的力大约相当于托起两个鸡蛋所用的力。

5. 想想做做

在物理学习中，我们常常把有关的现象和过程用图来表现，如光学中的光路图、电学中的电路图等。通过这些图可以简单直观地表现有关的内容。我们已经知道力的大小、方向、作用点都能影响力的作用效果，那么如何用图来表示一个力呢？请同学们根据自己对力的认识，讨论并试着作出下面的力。

例：用 50 N 的拉力沿水平方向向右拉动箱子前进。（学生根据自己的理解，在练习本上用图表示力）

老师巡视并收集各种表示力的图。

实物投影展放教师收集上来的各种力的表示方法，让学生评判哪种方法更好，引出力的示意图。

【收获背篓】把抽象的概念直观地表示出来就是图示法，图示法是物理学中常用的方法。在受力物体上沿力的方向画一条带箭头的线段，表示物体在这个方向上所受的力，这种表示力的形式叫"力的示意图"。

【做一做】

（1）手竖直向上托一本书 $F = 50$ N。

（2）与水平方向呈 30°斜向上拉木箱 $F = 10$ N。（学生练习，并小组交流）

（三）知识梳理

本节课有哪些收获？还有哪些疑惑？（组织学生大胆发表自己的收获与疑惑）

（四）课下作业

（1）图 4 是一场足球比赛，此过程中：

① 足球分别受到了哪几个物体施加的力？② 足球又对哪几个物体施加了力？③ 足球的运动状态分别发生了哪些变化？④ 球离开 8 号运动员后在空中受到竖直向下的重力 10 N，请作出这个力的示意图。

（2）从图 5 所示的情景中，你的认识是_____。

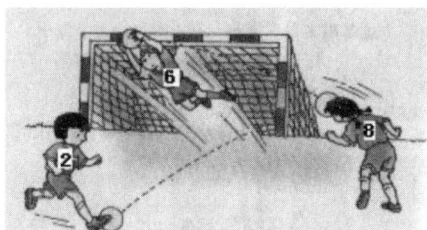

图 4　足球比赛的场景

图 5　开门和关门的场景

53. 教学设计：电流和电路（第 15 章第 2 节）

一、教学目标

1. 知识与技能

（1）知道电流的形成及其条件，知道电流方向的规定。

（2）通过动手实验，认识断路、通路、短路，知道电路的组成；能从能量的角度认识电源和用电器的作用，从电路的组成认识开关的作用；会画常见的电路元件符号。

（3）结合电动机、电子门铃、手电筒等电路的实际连接，学会按实物电路连接图画出对应的电路图。

2. 过程与方法

（1）在实验的过程中，学习观察实验现象，学习从现象中分析归纳出规律的方法。

（2）用电器的符号，通过电路图可把具体的电路连接情况简洁明了、概括性地表现出来，这也是研究物理问题的一种方法。

3. 情感态度价值观

激发主动进行探究的意识，培养严谨的科学态度、合作的精神以及对科学知识的求知欲。

4. 教学重难点

重点：让学生认识简单电路，能动手连接简单电路，会画简单的电路图。

难点：主动探究意识的激发。

关键：尽量让学生自己动手，亲身经历通过实验探究归纳出结论的过程。

二、教学方法

探究法、讨论法、实验法。

三、教学准备

实验器材（每组）：小灯泡、电动机、电子门铃、开关、导线、线路板等，多媒体设备。

四、教学过程

（一）情境切入

师：世界上如果没有了电，会是什么样子呢？（给学生打开想象的空间，使学生积极参与讨论和猜想）

[设计意图：创设情景引起注意，激发学生学习动机。]

师：既然电在我们的生产生活中这么重要，那么同学们知道哪些电的知识呢？还想知道有关电的哪方面的知识？（问题步步深入，学生勇敢发表自己的想法，并根据自己的兴趣提出自己想要知道的电学知识，培养学生初步提出问题的能力和胆量）

[设计意图：此过程激活学生原有的生活经验，扩展到学生对自己学习的责任感。]

师：从刚才同学们的回答中可以看出，我们已经知道了不少有关电的知识，而且想要了解更多，本节课先来探究其中的部分问题：① 电是怎么产生的？② 一个完整的电路由哪几个部分组成？③ 如何画出教室里电灯的连接情况？

（二）合作探究

1. 探究一：从实验中获取知识技能

（1）想一想

师：实验桌面上为同学们准备了一些实验器材：小灯泡（2 盏），小电动机（1 台），电子门铃（1 个），开关（1 个），两节带有电池盒的电池和导线若干。请同学们仔细观察仪器特点，结合生活经验设计电路，怎样才能使小灯泡发光、小电动机转动、门铃响呢？

（2）做一做

学生合作研讨并动手连接电路，使小灯泡发光、小电机转动、门铃响，在实验的过程中讨论探究，为什么小灯泡会发光、小电机会转动、门铃会响。

[设计意图：此过程中注意培养学生的团队精神和实验的合作精神。]

教师提示实验警钟！

任何情况下都不能把电池的两端直接连在一起！
连接电路时，开关要断开！

161

巡回指导学生实验，并在巡视的过程中收集有关实验信息。在这个过程中，同学们的设计是任意的，有设计成功的，也有设计不成功的。老师先将学生实验时的信息进行归类，收集几组设计成功的实验电路（见图1）并放在实物投影上展示。

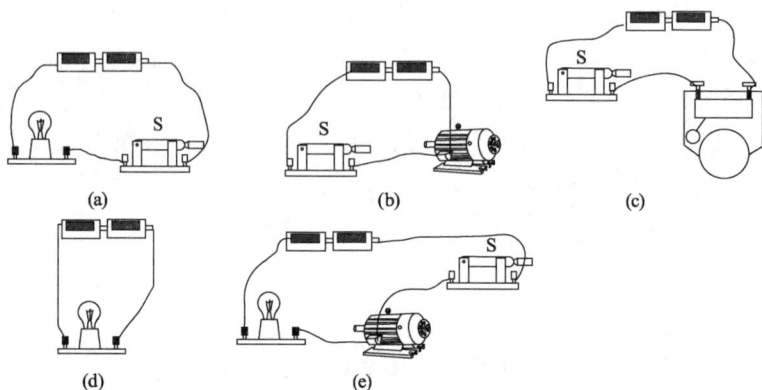

图1　电路连接实物展示图

（3）议一议

在刚才的实验设计中，同学们都发挥出了自己的聪明才智，设计了不同的电路使小灯泡发光、小电动机转动、门铃响。下面观察几组使小灯泡发光、小电动机转动、门铃响的实验设计电路，请同学们仔细观察，能发现什么问题？

学生观察、讨论、发现问题：在实验过程中，用导线将电池、开关、用电器连接起来，就有了"电"。

【加油站】展放多媒体课件1

> 闭合开关，灯亮了，因为电流流过了灯泡，同学们可以观察到，导线、灯泡的灯丝都是金属做的，金属里面有大量的自由电子，它们可以自由移动，平时它们的运动方向是杂乱无章的，可是接上电池之后，它们就受到了推动力，出现了电荷的定向移动，从而在电路中形成电流，有了电的流淌路径，即电路。

［设计意图：让学生体会电荷的"定向移动"及感受"电"的流淌路径，从而理解电路的概念；利用现代化手段使抽象变为形象。］

师：（用实物投影继续展放刚才同学们的成功实验设计）请同学们

仔细观察，并结合我们自己家的家庭电路讨论、总结，找出这些电路的共同点，并回答：① 一个完整的电路究竟由哪几个部分组成？② 电池在电路中起到什么作用？

学生观察使灯发光、电机转动的电路，讨论、猜想、发现、交流。用导线将电池、用电设备（即用电器）、开关连接起来，这就组成了一个完整的电路。结合生活经验，电池使用一段时间后就会用完，理解电池是一种电源，可以提供电能。电池是提供用电器中的电流（提供电荷定向移动的推动力），在工作中将电能转化成其他形式的能的装置。

［设计意图：此过程重在培养学生的观察能力和实验概括能力，由简单电路联想到家庭电路及其他复杂组成的电路，培养合作的精神，敢于提出与别人不同的见解，勇于放弃或修正自己的错误观点。］

（4）比一比

展示刚才收集到的几组不成功的实验电路（见图2）：

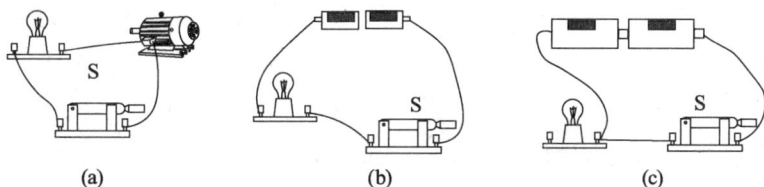

(a)　　　　　　　　(b)　　　　　　　　(c)

图2　不成功的电路连接实物图

请同学们对比这几组不成功的实验设计，总结一下用电器、开关、导线各有什么作用？常见的电路状态有哪几种？

学生讨论、分析、总结：① 用电器。消耗电能的装置，将电能转化为其他形式的能。② 开关。控制电流的通断。③ 导线。电流流淌的路径。

［设计意图：电源是在电路中提供电能的装置，用电器是消耗电能的装置，引导学生从能量转化的角度认识电源和用电器的作用。］

学生继续分析实物电路，认识通路、断路，并结合课前的实验警钟认识短路（见图3）。

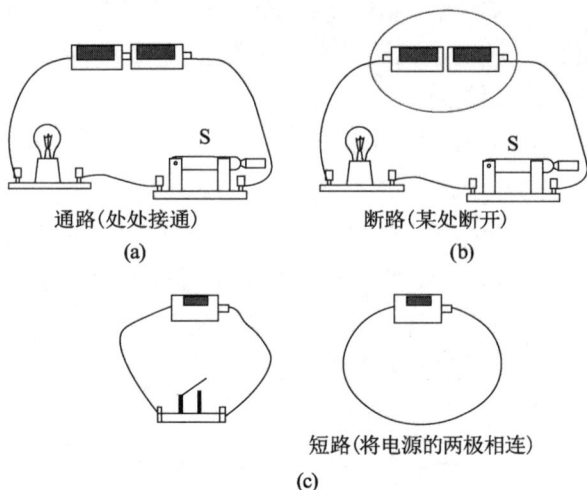

通路(处处接通)
(a)

断路(某处断开)
(b)

短路(将电源的两极相连)
(c)

图3　三种电路状态：通路　断路　短路

有一种电路连接的方式是绝对不允许的，如图3c所示。这种连接方式中并没有接入用电器，此时电路中会出现极大的电流，短时间内可以烧坏电源，严重时可以引发火灾。这种将电源两极直接连接起来的方式称为短路，连接电路时，短路是不允许发生的。

师：电池是一种电源，在刚才的实验中它提供了直流电流，那么家庭电路中的电流是谁提供的呢？学生讨论获知，家庭电路中的电流是由发电机提供的。

师：电池和发电机都是一种电源。请同学们课下阅读P103的小资料，了解实验室中的常用电源，并且收集生活中的其他电源，如手机电池、氧化银电池等，了解它们的构造。

［设计意图：培养学生从生活中获取知识的能力。］

2. 探究二：从实际生活的需要中获得信息

（1）猜一猜

师：我们知道了一个完整电路的基本组成，如果我们把需要的电路照原样画出来（见图4），既麻烦又不清楚，还会给生活中的复杂电路的绘画造成麻烦，怎么办呢？

在研究一些具体问题时，为了方便，往往要把具体问题抽象、概括，使其简洁明了，电路图便是其中的一例，可以说这是研究问题的一种思想方法。

在物理学里，我们常常用元件的符号表示电路的连接情况，即电路图。如何画出电路的电路图呢？请同学们阅读课本 P104 图 15.2～15.8，了解几种常用的元件及符号。学生自学，根据元件特点了解元件符号的画法，体会研究物理问题的思想方法。

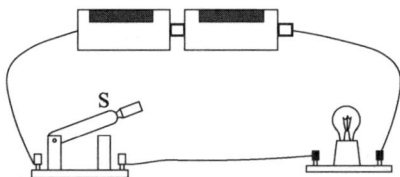

图 4　实物电路连接图

（2）画一画

师：请同学们根据自己的理解画出所设计的电路图（见图 5）。

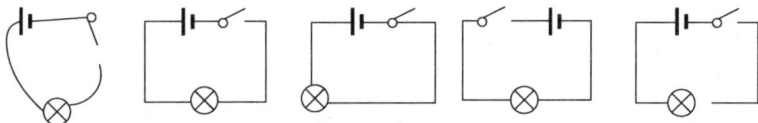

图 5　根据自学画出的电路图

老师巡视检查指导并收集正反信息，为下一步的教学作铺垫。将刚才收集到的信息运用实物投影展示，请同学们对比一下这几组同学的电路图，哪组画得更好，你能总结出画电路图的注意事项吗？

（3）评一评

同学们交流研讨，评判总结画电路图的注意事项：① 导线画成横平竖直的比较好；② 元件布局合理美观；③ 元件尽量不要出现在拐角处；④ 电路图的元件顺序与实物图一致；⑤ 电路图要处处连接，不能形成开路，更不能形成短路；⑥ 电路图中不能出现元件的实物符号，必须用电路符号表示电路元件。

（4）练一练

【生活在线】请观察家中的手电筒，并画出手电筒的电路图。（学生结合日常生活，练习画电路图）

【实验游戏】大家做

桌面上准备了一些器材：小灯泡（3 盏）、小电动机（2 个）、开关（1 个）、导线若干（分为 4 组）；每组同学选派代表在实物投影上设计连接一个电路，元件任选；每组同学连完电路后，其他同学评价该电路的连接是否正确，画出对应的电路图，并由该组同学评价电路图的画法是否正确。

学生积极参与实验游戏，并在活动中培养合作精神。学生评判、争议、讨论设计，可选多个用电器；也可选一个用电器；有用电器串联的；也有用电器并联的；有开关断开的，也有开关闭合的。

［设计意图：培养学生连接实物电路以及由实物图画电路图的能力，培养实验精神及合作能力。］

【信息库】展示课件 2——电流的方向

电路中有电流时，发生定向移动的电荷可能是正电荷，也可能是负电荷，还可能是正、负电荷同时向相反方向发生定向移动。在 19 世纪初，物理学家开始研究电流时并不清楚各种情况下究竟是什么电荷在移动，当时就把"正电荷定向移动的方向"规定为电流的方向。

电池在接入电路时，正极聚集大量的正电荷，负极聚集大量的负电荷，按照上面的规定，当开关闭合时，在电源外部，电流方向是如何的呢？

师：选取学生设计中有两个用电器串联（见图 6）的电路，请同学们画出电路图，并在电路图中标出电流方向（注意：此时开关是闭合的）。

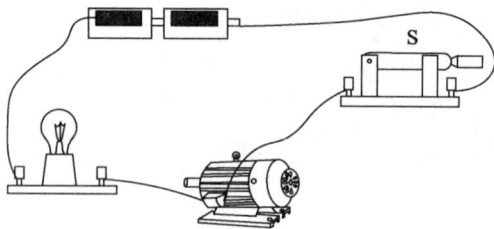

图 6　电动机和灯泡串联的实物图

师生总结：在电源外部，电流方向是从电源正极经过用电器流向电流负极。

师：在电路中，电流的方向是沿着由"正极→用电器→负极"的方向来流动的，不能反向流动。对于大多数用电器而言，电流无论沿什么方向流动都能工作，但是对于半导体二极管而言，电流只能从它的一端流向另一端，而不能反向流动。当发光二极管连入电路中时，有电流流过，发光二极管就会发光，如电视机、收音机等许多家用电器上的指示灯都是发光二极管。（请同学们课下上网查询有关二极管的知识，培养学生获取知识的方法和途径。）

（三）知识梳理

本节课同学们从自己设计的电路中知道了电流的知识以及电路的基本组成，并根据自己的电路画出了对应的电路图。请思考如下问题：

（1）在实验中你是否发现了新的问题？

（2）想不想进行探究？

（3）这个新的问题可能有哪些答案？

（四）课下作业

（1）收集生活中的用电器是如何连接的。

（2）上网查询二极管的知识。

54. 教学设计：摩擦力（第8章第3节）

一、教学目标

1. 知识与技能

（1）了解滑动摩擦力和接触面粗糙程度、接触面之间压力大小的关系。

（2）了解增大和减小摩擦的方法，并能在日常生活中应用这些知识。

（3）进一步熟悉弹簧测力计的使用方法。

2. 过程与方法

探究滑动摩擦力与压力、接触面粗糙程度的关系的过程，体会怎样进行科学的猜想，理解在研究多因素的问题中怎样运用"控制变量"的方法。

3. 情感、态度与价值观

培养学生实事求是进行实验的科学态度和科学精神，培养学生探究的勇气、战胜困难的信心以及与他人交流与合作的精神。

4. 教学重难点

重点：探究影响滑动摩擦力大小的因素。

难点：测量滑动摩擦力的大小，探究影响滑动摩擦力大小的因素。

二、教学准备

教师准备：多媒体课件。

学生准备：弹簧测力计、长方体木块、200 g 的砝码、木板、棉布、毛巾、探究报告等。

三、教学过程

（一）实验质疑，导入新课

【组织实验】能否用一张纸条将物理课本提起来？

【提出问题】为什么纸条能把书提起来？原来纸条能把书提起来，靠的是纸条与书之间的摩擦力。由此导入新课。

【实验质疑】学生动手试一试，学生兴趣盎然，并展示自己的想法。

【体验回答】学生自己做实验来产生出摩擦力，并初步感知摩擦力是一种怎样的力，在交流中学生的表现欲望被充分地调动，内部教育基因被激活，这对学生的发展也就更加有利。

[设计意图：让学生参与到教学游戏中，激发了学生学习的兴趣和求知欲。通过这些现象引起学生探求物理知识的兴趣，同时为摩擦力的学习打下伏笔。]

（二）探究学习

1. 认识摩擦力

【过渡并提问】摩擦力是生活中非常常见的力，你能举出生活当中有哪些地方存在摩擦力吗？

[设计意图：从生活的具体事例出发，从生活走向物理。]

【体验与感受】请同学们亲身体验，感受一下摩擦力：① 把手放在桌面上，用手压桌面前进；② 两只脚用力在地面上搓；③ 用手在桌面上推毛刷前进。在以上实验中有什么感受？为什么会有这种感受？这些感受能说明什么问题？

[设计意图：通过实验使学生体验摩擦力的存在，并感受摩擦力产生的条件。]

【交流与讨论】① 如图 1a 所示，手放在箱子上，不用力，箱子与地面之间有没有摩擦力？② 如图 1b 所示，手放在箱子上，用力推，没有推动，箱子与地面之间有没有摩擦力？③ 如图 1c 所示，手放在箱子上，用力推，箱子在地面上滑动，箱子与地面之间有没有摩擦力？

(a)　　　　　　　　　(b)　　　　　　　　　(c)

图 1　人用力推木箱

[设计意图：对摩擦力的产生条件进一步细化，培养学生观察和交流总结的能力。]

【引导得出】一个物体在另一个物体表面滑动时，所受到的阻碍物体相对运动的力，就叫作滑动摩擦力。

【过渡并提问】要认识一个力，可以从哪几个方面入手？从刚才的感受实验中，你对于摩擦力的作用点和方向有什么发现？

【实验质疑】根据刚才的体验和研讨思考：① 摩擦力是如何产生的？② 摩擦力的方向如何？③ 摩擦力的作用点在什么位置？④ 摩擦力是不是阻碍物体运动的原因？

【交流总结】学生从举例、体验实验中发现问题，找到摩擦力产生的条件。两个互相接触的粗糙的物体，当它们做相对运动时，在接触面上会产生一种阻碍相对运动的力，这种力就是摩擦力。通过讨论交流，不仅了解了摩擦力产生的条件，更进一步认识摩擦力的类型：静摩擦力和动摩擦力。（通过刚才的讨论和交流，认识摩擦力的大小、方向、作用点）

作用点：在受力物体的接触面上。

【引导强调】引导学生观察毛刷的运动方向和刷毛的方向，得出滑动摩擦力的方向跟物体的相对运动方向相反（见图2）。

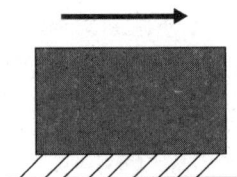

图2　用力推毛刷

［设计意图：让学生直观地看出摩擦力的方向，使学生理解摩擦力不是与物体运动的方向相反，而是与相对运动的方向相反。］

【练一练】如图3所示，接触面间都是粗糙的，判断物体是否有摩擦力，若有，请指出摩擦力的方向。

① 物体A静止在水平地面上（见图3a）。

② 静止在斜面上的木块（见图3b）。

③ 用力推箱子，箱子没动（见图3c）。

④ 用弹簧测力计拉动水平桌面上的物体，使其做匀速直线滑动（见图3d）。

⑤ 放在静止的小车上的物体B，小车突然启动（见图3e）。

图3　生活中的力的场景

2. 探究滑动摩擦力的大小和哪些因素有关

【过渡并提问】用手推木块前进，木块是否受到摩擦力？若受，该如何测量其大小？

【交流讨论】怎样用弹簧测力计测量摩擦力。

【小提示】当用弹簧测力计水平拉动木块匀速滑动时，弹簧测力计示数的大小就反映了滑动摩擦力的大小（见图4）。

师：指出利用二力平衡的知识，运用了转换法。

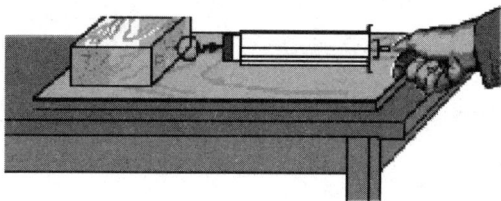

图4　利用二力平衡测滑动摩擦力

【练习测量】请同学们用弹簧测力计测出木块在木板上或桌面上滑动时受到的摩擦力大小。

测量摩擦力：学生动手实验，并说出测量的结果。

［设计意图：既练习了摩擦力的测量，又为下面的猜想作依据。］

【提出问题】同学们测出的结果不尽相同，是什么原因使我们的测量结果不同呢？请同学们先说说看，从中能猜想出滑动摩擦力的大小和哪些因素有关？说出猜想的依据。教师板书学生的猜想，并引导学生把猜想的结果进一步归类。

【学生大胆猜想】滑动摩擦力可能与压力的大小有关（注：学生在说到压力时表述可能不准确，往往说成重力，此处要解释清楚压力与重力的区别）；

可能与接触面的粗糙程度有关；

可能与接触的面积大小有关；

可能与运动速度大小有关。

［设计意图：鼓励学生大胆猜想，培养学生的创新意识。］

【提出问题】① 你计划采取什么科学方法来研究自己选择的课题？② 如何设计实验方案来研究自己选择的课题？

在学生讨论的过程中，教师要正确引导学生研究的方法。学生在此启发下，经过相互讨论、交流与合作，得出在研究影响滑动摩擦力的大小的因素时，应采用控制变量法。即保持接触面的粗糙程度、压力大小、接触面积的大小、运动速度大小中的三个因素不变，只改变其中的一个因素，研究它对滑动摩擦力的影响。

【设计实验】学生分四组进行讨论，每一小组负责设计一个方案，采取控制变量法研究课题，证明滑动摩擦力的大小与其中一个因素的关系。各小组展示实验方案设计（见图5）。

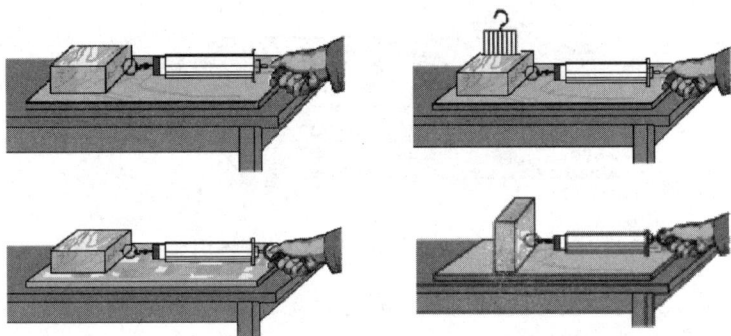

图5 探究影响滑动摩擦力大小的因素

设计实验方案

小组1代表：控制粗糙程度、接触面面积、速度不变，只改变压力大小，探究滑动摩擦力与压力是否有关。

小组2代表：控制压力大小、接触面面积、速度不变，只改变粗糙程度，探究滑动摩擦力与粗糙程度是否有关。

小组3代表：控制压力大小、粗糙程度、速度不变，只改变接触面面积大小，探究滑动摩擦力与接触面面积大小是否有关。

小组4代表：控制压力大小、粗糙程度、接触面面积大小不变，只改变速度，探究滑动摩擦力与速度是否有关。

[设计意图：培养学生交流合作设计实验的能力和语言表达能力。]

【引导实验】教师组织学生分工协作进行实验，并巡视解决学生当中出现的问题，收集各种实验因素的方案。

【进行实验】学生小组分工协作进行实验，并把探究结果写在探究报告上。

【分析论证】教师组织学生分析实验数据，总结出实验结论，展示实验结果。滑动摩擦力的大小跟作用在接触面的压力和接触面的粗糙程度有关,与接触面的面积及物体的运动速度无关。

【评估反思】组织学生交流与评估,反思实验中出现的问题:同学们,在刚才的探究实验中,设计有没有不合理的地方?遇到了什么困难?怎样才能减小误差?请同学们互相交流,解决以上问题。

[设计意图:培养学生在实验中发现问题、解决问题的能力及反思能力。]

【过渡并提问】同学们已经知道了影响摩擦力大小的因素,现在老师有几个问题需要同学们帮助解决,请同学们想出尽可能多的办法。

问题1:小明让妈妈帮他买了一瓶水果罐头,可小明怎么也打不开盖子,你能帮助他吗?

问题2:小华星期天要去参加学校的攀岩比赛,你认为小华怎样做才不易滑下来而尽快到达终点?

【交流讨论】学生想出尽可能多的办法来解决问题,如加大力量、垫上毛巾等。

3. 增大摩擦力的方法,减小摩擦力的方法

【设置问题情境】同学们已经成功探究了影响摩擦力大小的因素,有摩擦好不好呢?请同学们通过所举的生活中的例子说说你的观点。

【自由辩论】学生大胆举例,并说出此时有摩擦力好不好,进一步认识摩擦力在我们的生活当中有时是有利的,有时是有害的,从而引出增大摩擦力和减小摩擦力的方法。

【提出问题】有哪些方法能增大摩擦力?有哪些方法能减小摩擦力?还有其他的方法吗?

【课件展示】通过课件展示图片或通过视频展放气垫船、磁悬浮等(见图6)。

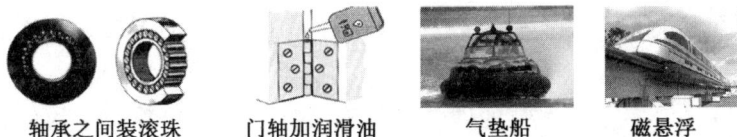

| 轴承之间装滚珠 | 门轴加润滑油 | 气垫船 | 磁悬浮 |

图6

【交流方法】增大摩擦力的方法:增大压力、增大接触面的粗糙程

度。逆向思维，减小摩擦力的方法：减小压力、减小接触面的粗糙程度。

【交流讨论】还有加润滑油、滚动轴承等。

【归纳总结】减小摩擦力的方法：① 减小压力、使接触面变得光滑些、使两个互相接触的物体的摩擦面彼此分开、用滚动代替滑动。② 使接触面分开的方法有两个：加润滑油，或在两个摩擦面间形成一层气垫。

（三）反馈训练

教师巡视检查。

（四）课堂小结

回顾本节课的探究活动程序（见图7）。

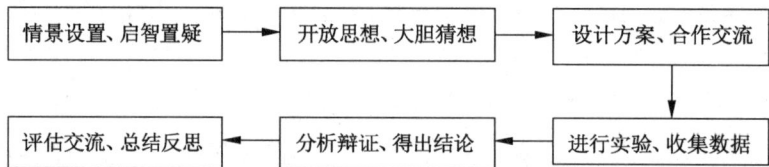

图7　总结本节课的探究环节

四、教学反思

1．教案的"亮点"

（1）这节课主要采用"交流—互动"的实验探究模式，在课题教学中让教师、学生、课程、环境等相互作用，并通过师生交流、教学互动，学生以小组为单位自主合作探究，让学生充分体验探究的全过程，培养学生的探索精神、实践能力和创新意识，提高学生的科学素养。

（2）本节课的重点是学生通过以探究滑动摩擦力的大小和哪些因素有关为载体，自主进行科学探究的过程。课题设计有利于学生处于主动探究之中，体现学生的主体地位，教师从中做适当的引导，关注学生学习方式的多样化，如实验探究、交流讨论、分析归纳等，为学生的后续学习打下基础。

（3）《摩擦力》一节的课堂设计充分体现了：培养学生的创新精神和实践能力，培养学生乐于探索自然现象和日常生活中的物理学问题的兴趣，体验物理来源于生活又服务于生活的道理。

2．教学中易出现的问题

（1）由于学生好奇心强，而自制力差，再加上对物理实验课缺乏正确认识，导致物理实验课教学的组织有一定的困难。学生在进行实验时，要注重培养学生良好的实验素养。

（2）在学生自主合作探究的基础上，教师要做好实验引导，如引导好学生研究的方法。学生在此启发下，经过相互讨论、交流与合作，得出在研究影响滑动摩擦力大小的因素时，应采用控制变量法。即保持接触面的粗糙程度、压力大小、接触面积的大小、运动速度大小中的三个因素不变，只改变其中的一个因素，研究它对滑动摩擦力的影响。

（3）由于这堂课学生探究任务多且重，会出现一些问题，如分工不明确、小组实验混乱无秩序、测量摩擦力时不能水平匀速拉动弹簧测力计等。为了减少错误，进行实验前应做好实验过程辅导，可以让学生明确步骤、集体交流实验中的注意事项。在实验中，师生和谐互动，教师巡回指导，提醒学生在实验中应该注意的一些事项。若出现问题，就帮助学生找到解决的方法。

55. 教学设计：浮力（第10章第1节）

一、教学目标

1. 知识与技能

（1）能说出浮力的定义，认识浮力的方向。

（2）会用测力计称重法测浮力，知道在水中下沉的物体也受到浮力的作用。

（3）知道浮力产生的原因，知道影响浮力大小的因素，会用实验器材探究浮力大小跟什么因素有关。

2. 过程与方法

（1）通过观察，了解浮力是怎样产生的。

（2）通过实验，探究浮力的大小与哪些因素有关，并使学生尝试运用实验、归纳等科学的研究方法研究问题。

（3）应用控制变量法探究决定浮力大小的因素。

3. 情感态度与价值观

（1）在观察实验过程中，培养学生的科学态度。

（2）通过对生活、生产中浮力的了解，提高科学技术应用于日常生活和社会的意识。

4. 教学重难点

重点：通过实验探究浮力大小与什么因素有关。

难点：运用实验和分析的方法得出浮力产生的原因。

二、教学方法

实验观察、探究、阅读讨论、多媒体辅助。

三、教学准备

教师准备：大玻璃筒、弹簧测力计、细线、铁块（石块）、木块、筒状重物、大烧杯、乒乓球、水、红毛线、食盐、酒精、脸盆、小塑料桶、易拉罐、自制演示器、矿泉水瓶、鸡蛋等。

学生准备：大玻璃筒、弹簧测力计、细线、铁块（石块）、木块、筒状重物、大烧杯、水、食盐、酒精等。

四、教学过程

（一）激趣导入

刚刚播放的《武媚娘传奇》一定吸引了很多同学的眼球，唐太宗李世民语："君，舟也；人，水也；水能载舟，亦能覆舟！"水为什么会表现出截然相反的特性呢？

同学们猜想这里面可能蕴含着什么知识呢？

大家提到了一个新词"浮力"。"浮力"怎么有这么大的魔力，这一节课就让我们共同来研究。（板书：第一节 浮力）

[设计意图：通过学生意想不到的现象，给学生造成悬念，产生强烈的好奇心，带着疑问进入课堂，引起学生的兴趣。]

（二）合作探究

1. 探究一：什么是浮力？

课件展示生活当中的浮力现象（见图1），总结什么是浮力？

[设计意图：让学生观察图片，体验生活中的浮力现象，引起学生的思考，激发学生的学习兴趣、求知欲。]

图1 生活中存在浮力的情景

【讨论总结】浸在液体或气体里的物体受到液体或气体向上的托力叫浮力。

【感受浮力的方向】找一段较粗的红毛线，将其两端分别固定在乒乓球和大烧杯的底部，将水注入大烧杯，直到将乒乓球浸没，观察红毛线被在竖直方向拉直。将大烧杯的一端垫高。

【提出问题】① 图 2a 中，乒乓球受到哪几个力的作用？② 图 2b 中，浮力的方向如何？作用点在哪里？

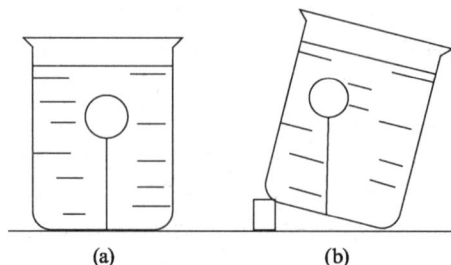

图 2　乒乓球演示浮力的方向

【学生体验】观察乒乓球的状态，分析乒乓球受到的浮力，感受浮力的方向。

【得出结论】浮力的方向为竖直向上；浮力的作用点为物体重心。

2. 探究二：下沉的物体是否受浮力？

【提出问题】将木块放在手上保持静止，手给木块一个向上的托力；再将木块放在盛水的烧杯中仍能保持静止（见图 3），由此感知漂在水面上的木块受到浮力的作用，那么在水中下沉的石块是否受浮力的作用呢？

【分组讨论】如何设计实验来说明这一个问题？（利用桌面上的仪器：弹簧测力计、水、石块等）学生自主合作学习设计实验方案，设计方案展示与分享，完善方案，选择最优方案。

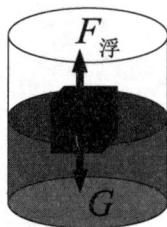

图 3　木块漂浮在水面上的受力情况

【进行实验并展示交流】教师巡回指导学生实验：用弹簧测力计测石块在空气中的重力，再将石块浸入水中。

（说明：在学生展示的环节里，引导学生归纳出测浮力的方法——用弹簧测力计测浮力。物理学中把这种测浮力大小的方法称为等效转换法。投影多名学生的结论，评价、鼓励学生。）

【想一想】弹簧测力计的示数将如何变化？这说明什么问题？

引导学生分析此时石块受到的力（见图 4）。

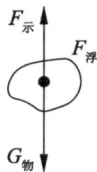

图4　石块浸在水中的受力情况

实验中发现弹簧测力计的示数变小，说明石块受一个向上的力，即浮力，所以在液体中下沉的物体也受浮力。

【学生探究】分组讨论，利用学具探讨"下沉的物体也受到浮力作用"。

【总结结论】一切浸在液体中的物体都会受到液体对它向上的浮力（见图5）。（板书：称量法：$F_浮 = G_物 - F_示$）

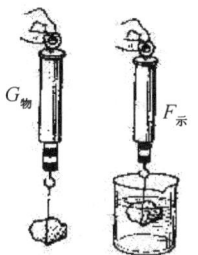

称量法：$F_浮 = G_物 - F_示$

图5　称量法测浮力受力分析图

说明：① 气体与液体一样对浸在其中的物体有竖直向上的力，即浮力的作用；②"浸在"包括部分浸入和全部浸入（即浸没）。

[设计意图：让学生体验物体在液体中确实要受到浮力的作用，并引导学生寻求测量物体所受到浮力大小的简便方法。这样学生不仅学到了知识，还学会了解决物理问题的方法。将课堂还给学生，体现学生的主体地位。]

3. 探究三：浮力产生的原因

【演示实验】如图6所示，体验液体对浸没在其中的物体各个侧面产生的压力的关系。

思考：看到了什么现象？说明什么？

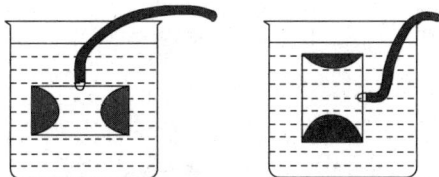

图6　液体对浸入的物体各个侧面的压力情况

液体对浸在其中的物体左右两个侧面和前后两个侧面的压力相等；液体对浸在其中的物体上下两个表面产生的压力不相等。

【情境分析】已知边长为 L 的立方体位于水面下 h 深处（见图7），四个侧面所受压力 $F_合 = 0$ N，上、下两面所受压力的关系如下：

因为 $P_{向上} > P_{向下}$，所以 $F_{向上} > F_{向下}$，因此 $F_浮 = F_{向上} - F_{向下}$。

结论：浮力是液体对物体向上和向下的压力差。

【合作学习】利用压强的知识分析压强 $P = \rho g h$ 与压力 $F = PS$ 的关系，感受浮力形成的原因。

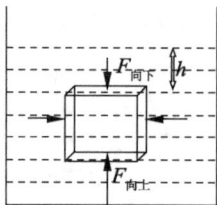

图7　浮力产生的原因受力分析

【归纳总结】（板书）浮力产生的原因：$F_浮 = F_{向上} - F_{向下}$。

【快乐体验】利用矿泉水瓶和乒乓球说明浮力产生的原因。

如图8所示，去除矿泉水瓶盖和瓶底，将乒乓球放入倒置的矿泉水瓶中，向瓶中倒水，观察现象。然后，用手堵住瓶口，再次观察现象。

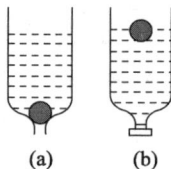

图8　演示浮力产生的原因

图8a中，乒乓球不会上浮。原因：乒乓球上部受到水的压力，下面没有水，不受水的压力。

图8b中，乒乓球上浮。原因：堵住瓶口后，乒乓球下面也有水压了。

[设计意图：由于浮力比较抽象，通过简单的实验器材，让学生通过实验感受浮力的产生原因。]

【巩固练习】

1. 如图9所示的容器中，底部和侧壁分别有木塞 a 和 b，且 a 和 b 在水中的体积相等，则（　　　）。

A. a 受到的浮力大　　B. a 和 b 受到的浮力相等

C. a 受到的浮力为零　　D. a 和 b 受到的浮力均为零

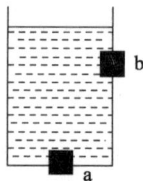

图9　侧壁和底部是否受浮力

2. 如图10所示，圆锥重力为 G，悬浮在水中时受到水对它向上的压力为 F_1，向下的压力为 F_2，这两个力之间的关系是（　　）。

A. $F_1 > F_2$　　B. $F_1 = F_2$

C. $F_1 < F_2$　　D. 无法判断

4．探究四：探究浮力的大小与什么有关？

【快乐体验】① 将饮料瓶慢慢压入盛有水的水

图10　悬在水中的圆锥受浮力情况

桶（见图 11a），体会浮力的变化，观察水位有什么变化，物体浸入液体中的体积有什么变化？② 将鸡蛋放入水中会下沉（见图 11b），往水里加盐，并不停地用搅拌器搅拌，会看到什么？

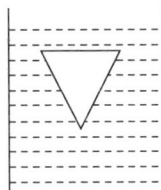

(a)　　　　　　　　(b)

图 11　探究影响浮力大小的因素

从上面的体验可以推出，影响浮力大小的因素有哪些？

小结：由实验①可以推出，物体受到的浮力的大小可能跟物体排开液体的体积（即物体浸入液体的体积）或浸入液体中的深度有关；由实验②可以推出，物体受到的浮力的大小跟液体的密度有关。

（1）探究实验 1：探究浮力的大小跟物体排开液体的体积和浸入液体的深度的关系。

采用图 12 所示的实验方法，然后将弹簧测力计的示数 $F_{拉}$、浸入液体中的深度 h、物重 G 和浮力 $F_{浮}$ 填入表 1。

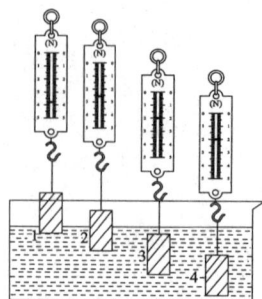

**图12 浮力与排开液体的
体积关系**

**表1 探究浮力与排开液体的体积和
浸在液体中的深度的关系记录表**

项目	1	2	3	4
浸入液体的深度 h/cm				
物重 G/N				
弹簧测力计示数 $F_{拉}$/N				
浮力 $F_{浮}$/N				

思考：① 分析由 1→4 中物体受到浮力的大小变化情况，找出影响浮力大小的因素。② 分析 3 和 4 中物体受到浮力的大小情况，能得出什么结论？

学生以小组为单位讨论实验方案，然后各个小组进行交流。在实验前，全班讨论实验方案，找到最优方案。

说明：在此，一定要让学生知道未浸没时，浸入越深其实是排开液体的体积越大，才导致浮力增大的。而完全浸没后，排开液体体积不变了，浮力也就不变了。

通过分析实验数据得出结论：① 未浸没时，浸入液体中越深，排开液体体积越大，浮力越大。② 完全浸没时，浮力大小与浸没的深度无关。

[设计意图：培养学生根据问题设计实验步骤、表格和选择实验器材的能力。使学生体会设计实验在科学探究中的作用。]

（2）探究实验2：探究浮力的大小跟液体的密度的关系。

采取图13所示的控制变量实验方法，再将三种不同液体的密度 $\rho_{液}$、重力 G、浸没时弹簧测力计的示数 $F_{拉}$ 和浸没时的浮力 $F_{浮}$ 填入表2。

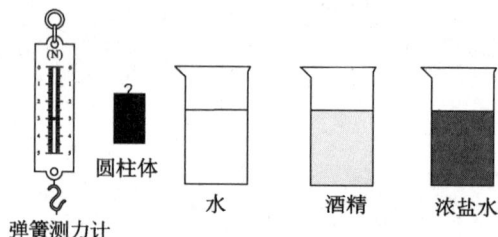

图13 探究浮力与液体密度的关系

表2 探究浮力与液体密度的关系记录表

项目	水	酒精	浓盐水
$\rho_{液}/(kg/m^3)$			
重力 G/N			
浸没时弹簧测力计示数 $F_{拉}/N$			
浸没时的浮力 $F_{浮}/N$			

实验结论：物体排开液体体积一定时，液体密度越大，浮力越大。

引导学生根据课件图示回顾实验过程，进一步巩固并得出结论。

【分析总结】物体浸在液体中所受的浮力大小，跟它浸在液体中的体积有关、跟液体的密度有关、跟浸没的深度无关。物体浸在液体中的体积越大、液体的密度越大，浮力越大。

【交流反思】在上面的实验中，有哪些做得不合理或不规范的地方，还有哪些新的发现？

学生小组互动，可能提出更多影响浮力大小的因素。

学生畅所欲言，可能会提出影响浮力大小的其他因素：物体的体积、物体的密度、物体的形状等（可把它作为课下探究作业）。

【学以致用】生活中有哪些事例说明浮力的大小跟排开液体的体积和液体的密度有关？

（三）知识梳理

本节课在知识上有哪些收获、哪些遗憾？通过交流、回顾来进一步巩固本节课的知识。

［设计意图：鼓励学生大胆发言，各抒己见，对学生的见解，教师都应予以肯定。教师最后画龙点睛，简要概括。］

五、教学反思

1. 案例中的"亮点"

（1）通过学生亲身体验生活中的浮力现象、浮力的产生、浮力跟什么因素有关等问题来逐步认识浮力的相关知识，体现了"物理源于生活，应用于生活"的理念。培养学生关注生活，提高应用能力的意识。

（2）探究浮力产生的原因的实验很直观地让学生认识到浮力产生的原因。使学生由被动接受知识转变为主动获取知识，使学生成为课堂的主人，通过实践使学生体会到学习的乐趣。

（3）浮力产生的原因比较抽象，通过小实验让学生体验物体侧面受到的压力不同，让学生感受浮力产生的原因，变抽象为具体现象，利于学生掌握，达到了突破难点的作用。

2. 教学中易出现的问题

（1）将测量物体所受的浮力大小与测量物体浸在水中排开水的重力分开（要注意提示学生，要保证 $V_{排}$ 相同，在两次实验中采取让物体全部浸没在水中），这样做大大简化了繁琐的实验步骤，将实验难点分散，效果较好。但同时也会给学生造成只有当物体全部浸没在液体中才会受到浮力的错误认识，教学中可以通过练习加强学生对知识的完整理解。

（2）本节课学生设计的实验方案、测量方法很多，可以通过评估找到最优方案进行实验。如果仍有学生坚持自己的方案，可以允许其按照自己的方案进行，不要让学生留有遗憾。

56．教学设计：比热容（第13章第3节）

一、教学目标

1．知识与技能

（1）了解比热容的概念，知道比热容是物质的一种特性，会查比热容表。

（2）能根据比热容进行简单的热量计算。

（3）尝试用比热容解释简单的自然现象。

2．过程与方法

（1）通过探究，比较不同物质的吸热能力。

（2）通过交流与分析，利用比热容解释相关现象及应用。

（3）通过分组实验培养学生的实验能力及交流合作能力。

3．情感、态度与价值观

通过探究性学习，培养学生的团队精神，激发学生对自然现象的关注，产生乐于探索自然规律的情感，体验自然科学的价值，体验知识来源于实践而又应用于实践的辩证关系。

4．教学重难点

重点：探究计划的制定与实施，对实验数据进行分析与论证。

难点：热源的选择及对加热时间的控制，对实验数据进行分析与论证。

二、教学方法

学生分组合作探究式教学。

三、教学准备

分组实验材料：烧杯、酒精灯、铁架台、温度计、煤油、水、火柴、石棉网、圆纸板、计时器、抹布等。

演示实验材料：比热容演示器、酒精灯、火柴等。

四、教学过程

（一）兴趣导入

（1）场景一：……新疆气候的又一特点是气温日较差大。一般是白昼气温升高快，夜里气温下降大。许多地方最高的气温日较差在20～

25 ℃。在吐鲁番，年平均气温日较差为 14.8 ℃，最高气温日较差曾达 50 ℃。塔克拉玛干沙漠南沿的若羌县，年平均气温日较差为 16.2 ℃，最高气温日较差达 27.8 ℃。一天之内好像经历了寒暑变化，白天只穿背心仍然挥汗，夜里盖上棉被方能安眠。这些现象在全国是罕见的。

我们生活在沿海地区，一天的气温变化小，而新疆内陆的气温变化大，这是为什么？

（2）场景二：海边的故事（见图1）：中午，沙子很烫而水不烫；傍晚，沙子很凉而水不凉。

［设计意图：用沿海和内陆的温差变化及海水和沙滩的温差对比引入创设情境，激发兴趣。］

图1　海边沙滩

（二）探究学习

1．与物质吸热多少有关的因素？

【想一想，议一议】

早晨起床后，小明想吃完方便面后去上学，暖水瓶中无热水，但时间又不多了，要想尽快地将水烧开，该怎么做？为什么？

通过烧水的实例思考并发表自己的观点（见图2）。通过生活经验得到物体吸热多少还与哪些因素有关？

图2　用水壶烧水

学生设想各种方案：① 温水；② 质量少一些的水；③ 加大火力。

师生总结：生活经验告诉我们，同种物质组成的物体，它吸收的热量跟质量和升高的温度有关系。

［设计意图：创设情境，启发学生从生活经验中得出物体吸热多少与质量和升高温度的关系，然后结合海水和沙滩的温度差异进行合理猜想，提出探究课题。］

【提出问题】不同种物质组成的物体，在质量相等，升高的温度也相同时，吸收的热量一样吗？

【分组讨论】① 实验中，要选取几种物质？② 物质的质量有什么要求？③ 除了对质量要求外，还需注意什么问题？

通过设置的问题引起学生的思维碰撞，启发学生设计出实验计划，小组讨论实验的具体步骤。

[设计意图：问题的设计目的是让学生为探究的问题找到更多的生活依据，也有助于学生培养观察生活，并将所学的知识用于生活中的习惯。]

【设计实验方案】

如何制定该实验的实验方案？

方案一：质量相等的不同物质，加热相同的时间，比较它们温度升高的多少？

方案二：质量相等的不同物质，升高相同的温度，比较它们加热时间的多少？

实验中要注意测量和记录哪些物理量呢？

小组讨论实验方案，并设计具体的实验步骤和记录数据的表格（见表1）。师生共同探讨实验方案，并选出最佳实验方案。

表1　探究水和煤油吸热时温度变化记录表

时间	0/min	1/min	2/min	3/min	4/min	5/min	6/min	……
水								
煤油								

【进行实验】

引导学生进行实验（见图3），提醒学生正确安装实验器材，注意温度计的正确使用，并明确分工，注意记录实验数据。学生小组合作，共同进行实验。分工的合理将决定实验的完成效果。

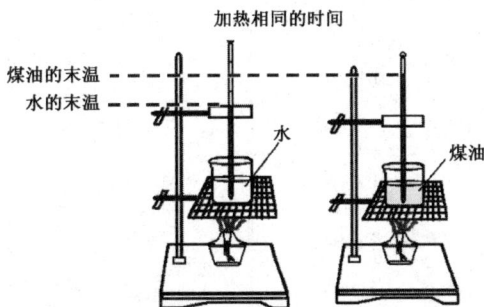

图3　探究水和煤油吸热时温度的变化

实验步骤如下：

① 取相等质量的水和煤油，记录液体的名称和质量。

② 加热前先测出水和煤油的初温 $t_{1水}$、$t_{1煤油}$ 并记录。

③ 加热 3 min 后，停止加热，同时读出水和煤油的末温 $t_{2水}$、$t_{2煤油}$ 并记录。

④ 分析实验数据，得出结论。

【分析总结】学生展示实验数据，并引导学生对数据进行分析。

① 相等质量的水（同种物质），升高相同的温度，吸收的热量是相同的。

② 相等质量的水和煤油，升高相同的温度，吸收的热量是不同的。

【交流评估】

① 通过比热容探究学习过程，有哪些收获？

② 探究过程中还有什么问题（方案设计、实验操作、数据记录等）？有改进的方法吗？

2. 认识比热容

【拓展延伸】相等质量的不同种物质，升高相同的温度，吸收的热量是不相同的。

不同种物质的吸热能力是不相同的。

【总结定义】物理学规定：单位质量的某种物质温度升高 1 ℃，所吸收的热量为该物质的比热容 ［符号为 c，单位为 J/(kg·℃)］。

【找一找，辨一辨】

分析比热容表（见表 2），可以找出哪些规律？

表 2　不同物质的比热容　　　　　　　　　　　J/(kg·℃)

水	4.2×10^3	砂石	0.92×10^3
酒精	2.4×10^3	铝	0.88×10^3
煤油	2.1×10^3	干泥土	0.84×10^3
蓖麻油	1.8×10^3	铁、钢	0.46×10^3
冰	2.1×10^3	铜	0.39×10^3
空气	1.0×10^3	水银	0.14×10^3

学生讨论总结：

① 水的比热容最大。

② 物质的比热容与物质的种类有关，不同的物质的比热容是不同的。

③ 物质的比热容还与物质的状态有关。

④ 不同的物质比热容可能相等。

【学以致用】从表2中我们发现"水的比热容大"，水的这一特点在人们的日常生活和生产中具有重要的意义。

讨论：

① 汽车发动机为何用水来冷却？

② 冬天的散热器（俗称暖气片）为何用热水供暖？

③ 为什么海水和沙子在同一时刻的温度不一样？

（拓展：沿海和内陆地区为何昼夜温差不同呢？图4和图5中新疆的谚语说明了什么？）

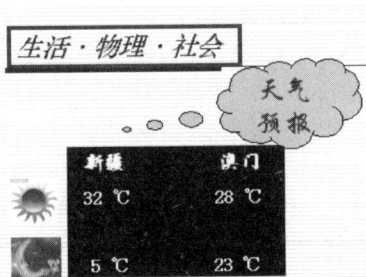

图4　新疆和澳门的温度比较

图5　新疆的谚语

学生讨论总结：

① 水的比热容大，在质量一定的条件下水升高相同温度时，吸热多，用水作冷却剂效果好。

② 水的比热容大，在质量一定的条件下水降低相同温度时，放出的热量多，用热水取暖效果好。

③ 因为海水与沙子受光照的时间完全相同，所以它们吸收的热量相同，但是海水的比热容比沙子的比热容大，所以海水升温比沙子慢；没有日照时，海水降温比沙子慢。

3. 热量的计算

【提出问题】水的比热容是多少？物理意义是什么？5 kg 的水温度升高 10 ℃，要吸收多少热量？$[c_水 = 4.2 \times 10^3 \text{ J}/(\text{kg}\cdot\text{℃})]$

物理意义：1 kg 的水，温度升高 1 ℃所吸收的热量是 4.2×10^3 J。

$1\text{ kg}\to 1\text{ ℃}\longrightarrow 4.2 \times 10^3 \text{ J}$

$5\text{ kg}\to 1\text{ ℃}\longrightarrow 4.2 \times 10^3 \text{ J}\times 5$

$5\text{ kg}\to 10\text{ ℃}\longrightarrow 4.2 \times 10^3 \text{ J}\times 10\times 5$

通过具体问题，引导学生利用比热容的定义得出热量计算的公式，并尝试运用。重视知识的灵活运用，加深学生对知识的理解。即

$$Q = cm\Delta t$$

根据物质比热容的定义可计算出该物体吸收或放出的热量为

$$Q = cm\Delta t \begin{cases} Q_{吸} = cm(t - t_0) \\ Q_{放} = cm(t_0 - t) \end{cases}$$

式中，c—比热容；Δt—变化温度；t—末温；t_0—初温。

【做一做】

例题：把质量为 2 kg、温度为 30 ℃的铝块加热到 100 ℃，铝块吸收的热量是多少？$[c_铝 = 0.88\times 10^3 \text{ J}/(\text{kg}\cdot\text{℃})]$

【分析】

已知：$c_铝 = 0.88\times 10^3 \text{ J}/(\text{kg}\cdot\text{℃})$，$m = 2$ kg，$t_0 = 30$ ℃，$t = 100$ ℃。

求：Q。

解：$Q_{吸} = cm(t - t_0) Q = 0.88\times 10^3 \text{ J}/(\text{kg}\cdot\text{℃})\times 2\text{ kg}\times(100 - 30)$ ℃ $= 1.232\times 10^5$ J

答：铝块吸收的热量是 1.232×10^5 J。

练习：有一种太阳能热水器，水箱的容积为 160 L，装满水后，若水温由 20 ℃升高到 70 ℃，水箱里的水吸收的热量是多少？

（三）知识梳理

引导学生总结归纳本节课的收获。明确知识目标，查缺补漏。学生交流发言。

（四）课外空间

（1）上网查找海陆风的形成原因。

（2）夏天，高楼林立的城市内的气温往往要比郊外高出几摄氏度，

这种现象在气象学上称为"热岛效应"。请结合枣庄当地的情况，撰写一份关于热岛效应的成因和对环境的影响，以及如何改善的报告。

五、教学反思

1. 本节课的成功之处

我在设计本节课时，通过设疑"炎热的夏季，海边的沙子烫脚而海水却很凉，这是为什么？""沿海和内陆地区昼夜温差为什么不同？"引入新课；紧接着让学生联系他们极为熟悉的烧水现象，分析出影响物体吸收热量多少的两个因素（质量、升温的多少）。通过提问"质量相等的不同物质升高相同的温度，吸热一样吗？"让学生猜想，然后制订实验计划，选择实验器材，分组动手实验，收集数据，分析得出结论，注重引导学生学习运用科学探究方法（控制变量法），使学生体验科学探究的整个过程。并结合本实验启发学生从另一种角度分析比较水和煤油的吸热本领，进而引入比热容的含义，既培养学生科学探究能力，又加深了学生对比热容概念的理解。最后让其联系比热容知识解释生活中、自然界的一些现象，这些会使学生认识到生活中无处不蕴含着物理知识，极大激发了学生学习物理的兴趣。

本节课教师一直在引导学生参与到教学活动中来，学生的活动也比较多，尤其是单个学生的提问，几乎达到学生总数的一半，学生活动面广，活动量大，并且最后的板演很好地发现并纠正了学生的错误，提醒学生在下面的练习中要注意这些问题。

2. 本节课的不足

教师教学设计中不能充分地估计学生的实际表现和能力，所以在设计中害怕学生不能够分析出水的比热容在生活中的作用，用教师的活动代替了学生的思考过程，帮助学生分析了比热容在生活中的作用。由于估计不足，以及害怕学生活动停滞，所以紧接着教师又代替学生进行了下列的活动，即帮助学生分析比热容在生活中的应用，如教室取暖、机器冷却、稻田对稻苗的保温，并且帮助学生解释了沿海地区比内陆地区昼夜温差小的原因，充分体现了教学的主体活动，而忽视了学生的主观能动性，学生在这一环节是忠实的听众。

57. 单元复习课设计：压强（第9章）

一、复习目标

（1）正确理解压强，区分固体压强与液体压强和大气压强的不同之处，知道固体压强等于压力与受力面积的比值，液体压强与液体的密度和深度有关，大气压强与海拔高度有关。

（2）正确理解公式 $p = F/S$，知道其适用范围，会用 $p = F/S$ 及其变形公式解决一些问题。

（3）培养学生分析问题、解决问题的能力。

（4）掌握探究压力的作用效果与哪些因素有关的实验、探究液体压强规律的实验，以及这两个实验的实验方法、实验过程和实验结论。

（5）了解测量大气压强的方法以及利用大气压强的实例。

二、复习重点和难点

重点：① 压力的作用效果与压力的大小和受力面积的关系；② 液体压强与液体密度和深度的关系；③ 这两个实验的方法、过程和结论；④ 生活中证明大气压存在的实验。

难点：① 压强的概念；② 对固体压强中受力面积的理解，对液体压强中深度的理解。

三、教学准备

压力小桌、海绵、重物、气球、U 型管压强计、塑料水杯、烧杯、木块、皮碗、大小不同的试管、两张白纸、漏斗和乒乓球等以及多媒体课件和学生导学案。

四、前置准备——知识点聚焦

学生利用思维导图（见图 1）做成的本单元知识点网络，课前回顾本单元重要知识点，为复习做好铺垫。

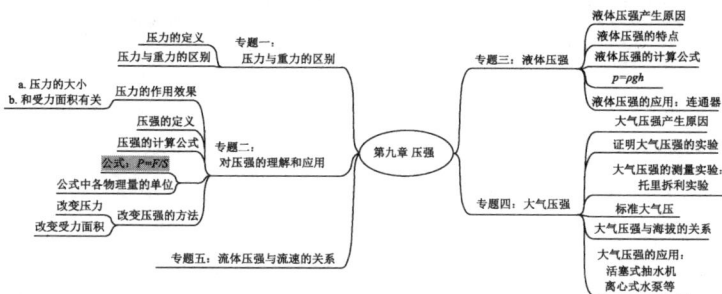

图1　《压强》知识结构思维导图

五、复习过程

(一) 创设情境、引入复习

教师拿出一些器材：压力小桌、海绵、重物、气球、U 型管压强计、塑料水杯、烧杯、木块、皮碗、吸管、大小不同的试管、两张白纸、漏斗和乒乓球等。提出问题：利用这些器材我们可以完成哪些实验？

引导学生思考、设计、回答，从而引出复习的内容——压强。

[设计意图：通过学生动手设计实验，在实验设计中，回顾压强这一单元的几个重要实验，后面的几个专题复习就是围绕这些实验而展开的，激发学生的复习兴趣和热情。]

(二) 专题复习

1. 专题一："压力" 与 "重力" 的区别

【设疑】压力与重力一样吗？你能说出它们的不同吗？它们之间有联系吗？学生带着问题做下面的练习题。

(1) 请作出图 2 中各物体对支撑面的压力的示意图。

① 茶杯对桌面的作用力（见图 2a）；② 木块对斜面的作用力（见图 2b）；③ 往墙上按图钉，手对图钉的力（见图 2c）。

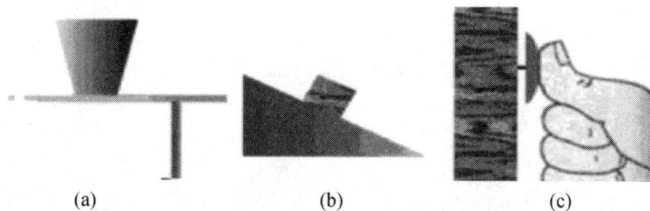

(a)　　　　　　(b)　　　　　　(c)

图 2　不同物体对支持面的压力情况

（2）思考并研讨

① 压力都是由于物体受到重力而产生的吗?

② 压力的方向与重力的方向一定相同吗?

③ 压力的大小一定等于重力的大小吗?

（3）指出图 3 中各种情况下支撑面上所受压力的大小（物体重为 G）。

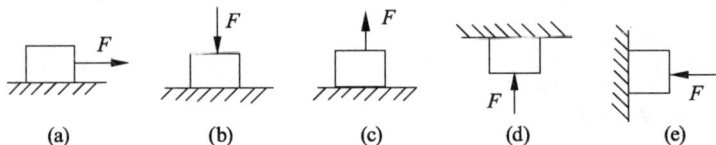

图 3　对物体施加不同方向的压力

［设计意图：第 1 题让学生在研题中感受压力，从定义中分析压力的作用点和方向：作用点要画在物体表面；方向与受力面垂直，指向受力物体。进一步理解压力：垂直压在物体表面上的力。第 2 题是在第 1 题的基础上通过研讨区分压力和重力：有的压力是由于重力而产生，有的不是。如果因重力而产生压力：水平面上，$F_压 = G$，斜面上，$F_压 < G$；其他压力。第 3 题是在第 2 题研讨的基础上，加深对压力大小的理解。］

【专题知识点聚焦】

① ＿＿＿＿＿＿＿＿作用在物体表面上的力叫压力。压力的方向为＿＿＿＿＿＿；重力的方向为＿＿＿＿＿。

② 压力＿＿＿＿＿重力（填"是"或"不是"）。

【设疑】你对压强知多少?

利用学生刚才的实验设计，分专题复习压强。

2．专题二：对压强的理解及应用

【实验设计】利用压力小桌、海绵、重物等可以研究压力作用效果的影响因素。

（1）用压力小桌和海绵来探究压力的作用效果和哪些因素有关，要采用的研究方法是＿＿＿＿＿。

如图 4 所示，请回答：

① 实验中，压力的作用效果是通过＿＿＿＿＿表现出来的，这种研究方法叫＿＿＿＿＿。

② 比较甲、乙两种情况，说明_____。

比较乙、丙两种情况，说明_____。

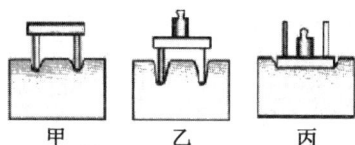

图4　探究压力作用效果的影响因素

（2）一个质量为 60 kg 的人，他每只脚接触地面的面积是 150 cm^2，这个人正常站立时对水平地面的压力是_____ N，对水平地面的压强是_____ Pa，当他行走时对水平地面的压强大约是_____ Pa。

（3）如图5所示，物体 A 在水平推力 F 的作用下从甲图位置匀速运动到乙图位置。此过程中，物体 A 受到的摩擦力_____水平推力 F（选填"大于""等于"或"小于"），物体 A 对桌面的压力_____（选填"变大""变小"或"不变"），物体 A 对桌面的压强将_____（选填"变大""变小"或"不变"）。

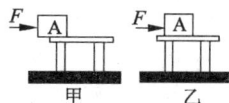

图5　推木块时压力和压强的变化

（4）如图6所示，一个长方体木块放在水平桌面的边缘，O 为木块的中心，木块重力为 G，底面积为 S，则下列说法中不正确的是（　　）。

A. 木块对桌面的压力为 G

B. 木块对桌面的压强为 G/S

C. 木块对桌面压力的受力面积小于 S

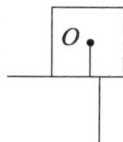

图6　木块的压力压强变化

D. 沿竖直方向将木块外侧的这一部分切掉，此时木块对桌面的压强比原来小

（5）下列日常生产和生活实例中，属于减小压强的是（　　）。

A. 喝饮料用的吸管一端削成斜口　　B. 铁路的钢轨铺在枕木上

C. 铁钉尖端要做得细而尖　　　　　D. 背书包用扁而宽的带子

［设计意图：通过第（1）题的复习，结合专题前的实验复习，使学生知道，压力的作用效果与压力的大小和受力面的面积有关。第（2）、（3）、（4）题在第（1）题的基础上，练习公式 $P = F/S$，加深对压强公式的理解。第（5）题是压强知识在生活中的应用。］

【专题知识点聚焦】

① 图 7 是演示压力作用效果的实验,由图甲可知,_____一定时,_____,压力作用效果越明显;由图乙可知,_____一定时,_____,压力作用效果越明显。

图7 探究压力作用效果的实验

② 压强是描述_____的物理量,物体所受_____与_____之比叫压强。

图 7 是用_____来显示压力的作用效果。

③ 压强的公式是_____,单位是_____,1000 Pa 表示的意思是_____。

④ 成年人站立时的压强大约是_____。一本物理书对桌面的压强大约是_____。

⑤ 任何物体能承受的_____都有一定的限度。通过减小_____和增大_____的方法可以减小压强。

3. 专题三:液体压强

【实验设计】利用 U 型管压强计、水槽、塑料水杯、烧杯、木块等可以探究液体压强的特点。

(1) 探究一:液体压强的特点。

① 如图 8 所示,图 8a 把压强计的探头放进盛水的容器中,现象为_____。探究结论:_____。

② 图 8 是研究液体内部压强情况的 6 幅图,除图 8b 杯中装的是浓盐水外,其余杯里装的都是水。仔细观察这 6 幅图后回答:

比较图 8a 和图 8b 两幅图,可以得出:液体的压强大小跟液体的_____有关。

比较图 8c 和图 8f 两幅图,可以得出:液体的压强大小还跟_____有关。

比较图 8c、图 8d、图 8b 三幅图,可以得出:_____。

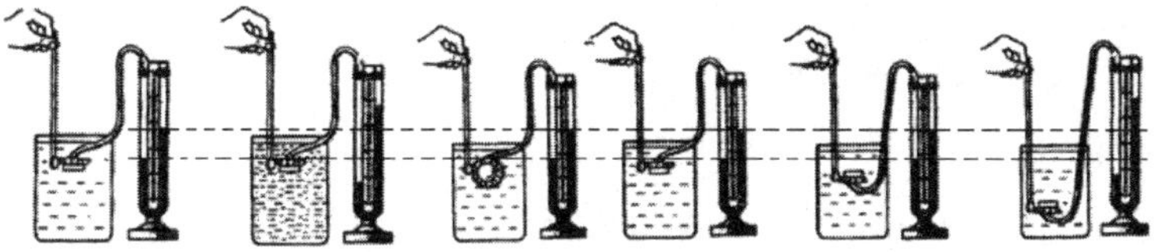

图8　探究液体压强的特点

【探究结论】液体压强的特点：液体对容器底和侧壁都有压强，液体内部向各个方向都有压强；在同一深度，液体向各个方向的压强相等；液体的压强随深度增加而增大；液体的压强还与液体密度有关，在深度相同时，液体密度越大，压强越大。

（2）探究二：如何比较液体压强的大小。

① 如图9所示，将竖直放置的试管倾斜，那么随着试管的倾斜，试管中的液体对试管底面的压强将（　　　）。

A．增大　　　B．减小　　　C．不变　　　D．无法确定

② 如图10所示，在两支相同的试管内，装有质量相等的不同液体，a管竖直放置，b管倾斜放置，此时两管内液面处于同一水平位置，则管底受到液体的压强关系是（　　　）。

A．压强一样大　　　　　　　　B．a管底压强大

C．b管底压强大　　　　　　　　D．无法判断

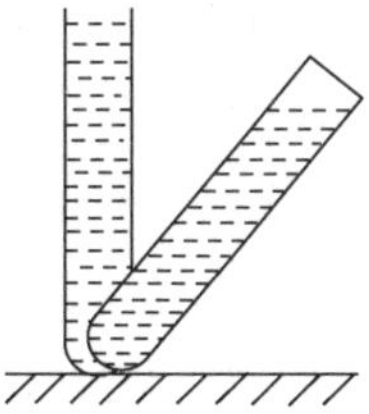

图9　试管倾斜后压强的变化

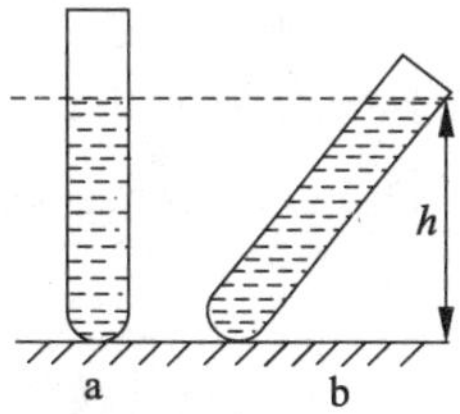

图10　质量相同的不同液体压强的比较

【探究结论】比较液体压强大小的方法就是比较液体的密度和液面到某处的竖直距离的大小。

（3）探究三：比较计算液体对容器底的压力和压强与容器对水平支持面的压力和压强的方法。

如图11所示，放在水平桌面上的容器内装有质量为1 kg的水，若水深 $h = 18$ cm，容器底面积 $S = 50$ cm^2，不计容器的质量。求：

① 水对容器底的压力和压强。

② 容器对桌面的压力和压强。

【探究结论】

计算液体对容器的压力和压强的方法：先算压强 $p = \rho g h$，再算压力 $F = pS$。

计算容器对水平支持面的压力和压强的方法：先算压力 $F = G_{总}$，再算压强 $P = F/S$。

（4）探究四：连通器的结构和原理。

① 观察图 12 中所列器具。想一想：它们在结构上有哪些共同特征？

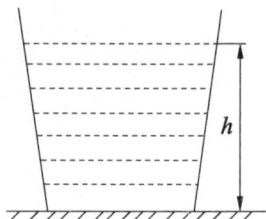

图 11　桌面上盛水的容器的压强计算

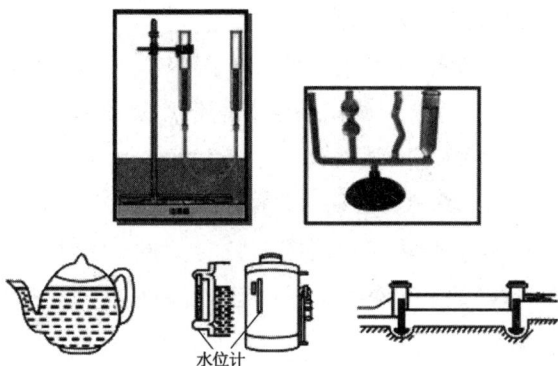

图 12　生活中的连通器

水位计

② 在装修房屋时，工人师傅常用一根灌有水（水中无气泡）且足够长的透明塑料软管的两端靠在墙面的不同地方并做出标记（见图 13）。这样做的目的是保证两点在 ＿＿＿＿＿＿，用到的物理知识是＿＿＿＿＿＿。

图 13　装水的透明塑料软管

③ 图 14 中所示的事例属于连通器原理的是＿＿＿＿＿＿＿＿＿＿＿＿。

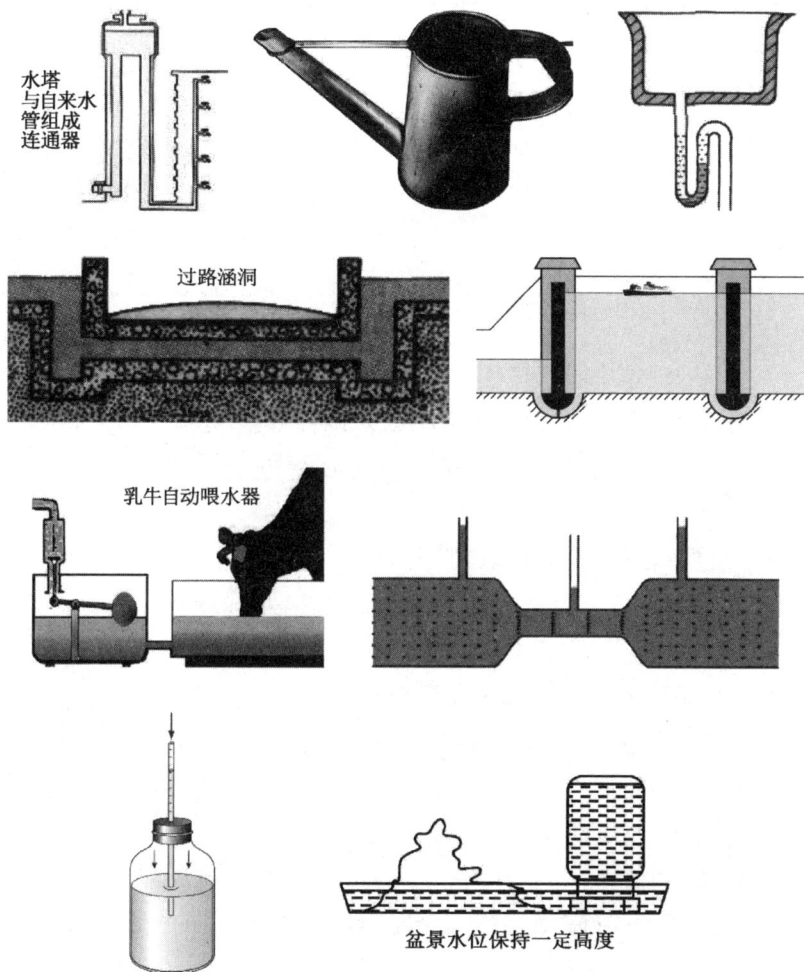

水塔与自来水管组成连通器

过路涵洞

乳牛自动喂水器

盆景水位保持一定高度

图 14　生活中的压强事例

【探究结论】连通器原理：连通器里装同种液体，且液体不流动时，液面保持相平。

【专题知识点聚焦】

① 液体压强产生的原因：液体受＿＿＿＿作用，且具有＿＿＿＿。

② 液体压强的特点：液体对＿＿＿＿＿和＿＿＿＿＿都有压强，液体内部向＿＿＿＿＿方向都有压强；在同一深度液体向各方向的压强＿＿＿＿＿；深度增大，液体压强＿＿＿＿＿；液体的压强还与液体的

_____有关，在深度相同时，液体密度越大，压强_____。

③ 液体压强的计算公式：_____，液体压强只与_____和_____有关。

④ 液体压强的测量工具：_____。

⑤ 连通器：_____开口、_____连通的容器叫连通器。连通器里的液体_____时，各容器中的_____总是相同的。

4. 专题四：大气压强

【实验设计】利用烧杯、吸管、皮碗、大小不同的试管等器材证明大气压的存在。

（1）下列现象中属于应用大气压的是（　　）。

A. 把吸盘式挂衣钩贴到墙上后，可以挂衣服

B. 用力压打气筒的活塞，把气冲进轮胎中

C. 用吸管吸起汽水瓶中的饮料

D. 用注射器能把药液注进肌肉里

E. 茶壶盖上留一个小孔，茶壶里的水就容易被倒出来

（2）在托里拆利实验中：

① 玻璃管中的水银为什么要灌满？

② 倒置后为什么玻璃管中的水银没有全部落入水银槽内，而是高出水银槽内的水银面？

③ 若玻璃管中的水银比水银槽高出 76 cm，则 $P_{水银}$ = _____ Pa；此时水银槽上方的 $P_{大气}$ = _____ Pa。

④ 若将玻璃管倾斜，则水银柱的长度 _____，水银柱的高度_____，玻璃管内水银柱的压强 $P_{水银}$_____（填写是否变化）。

⑤ 若不小心将玻璃管的顶部打破了一个小洞，从而使管内的水银面直接与大气相通，会有什么样的现象出现？为什么？

⑥ 若该实验在装入水银时，在玻璃管中混入空气，请问 $P_{水银}$ 跟 $P_{大气}$ 的大小关系怎么样？为什么？

⑦ 如果这个实验用水取代水银来完成，对玻璃管的长度有什么要求？（通过计算说明）

⑧ 如果换用内径较粗的玻璃管，对实验有影响吗？

（3）在海拔 3000 m 以上的高原地区，大气压_____ 1 个标准

大气压，而人在该地区吸气困难，与在平原相比，吸气时肺的容积要扩张得更_____些，肺内的气压要变得更_____些。

[设计意图：在学生实验设计的基础上，利用第（1）题复习生活中能证明大气压存在的实验。第（2）题通过对托里拆利实验的研讨，复习测量大气压的方法及测量原理，加深对大气压的深层理解。第（3）题是复习大气压与生产生活的联系。以题带点，层层深入。]

【专题知识点聚焦】

① _____实验证明了大气压是很大的，_____实验首先测出了大气压的值。

② 1 个标准大气压 = _____ mmHg = _____ Pa。

③ 测量工具：_____、_____。大气压随高度增加而_____，在海拔 3000 m 以内，大约每升高 10 m，大气压减小_____。如果无液气压计的刻度盘上标的不是大气压的值，而是高度值，就成了登山用的_____计。

④ 活塞式抽水机和离心式抽水机都是利用_____来工作的设备。

⑤ 液体的沸点随气压的增大而_____，_____就是这个物理道理的应用。

5. 专题五：流体压强与流速的关系

【实验设计】利用两张白纸、漏斗和乒乓球等可探究流体压强和流速的关系。

通过实验和多媒体课件播放的实验图片，复习流体压强和流速的关系：在流体中，流速越大的地方，压强越小。

【学以致用】

（1）火车站台上都设有安全线。火车进站时，人若越过安全线，有可能被吸进铁道，发生危险。为配合我国第六次铁路大提速，公安部交管局再次发出公告，在火车站站台上候车的乘客应站在安全线外。从物理学的角度看，其原因是火车通过时，人体与火车之间（　　　）。

A. 空气流速比外侧快，压强减小

B. 空气流速比外侧快，压强增大

C. 空气流速比外侧慢，压强减小

D. 空气流速比外侧慢，压强增大

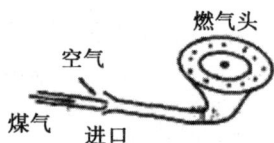

（2）图 15 是家用煤气灶灶头的示意图，使用时打开煤气阀门，拧动点火装置，煤气和空气在进口处混合流向燃烧头被点燃，而煤气不会从进口处向空气中泄漏，其原因是（　　）。

A. 进口处煤气流速小，压强大于大气压强

B. 进口处煤气流速小，压强小于大气压强

C. 进口处煤气流速大，压强大于大气压强

D. 进口处煤气流速大，压强小于大气压强

图 15　煤气灶灶头示意图

（3）随着人民生活水平的提高，轿车已逐渐进入百姓家庭，图 16 是小华家购买的一辆小轿车，他发现轿车的外形类似于飞机的机翼，则轿车在快速行驶的过程中，车子上方空气的流速_____车子下方空气的流速，因而车子上方气体的压强_____车子下方气体的压强，从而使得轿车对地面的压力_____车的重力。（均填"大于""等于"或"小于"）

图 16　家用小轿车

［设计意图：在流体压强与流速的关系中，重点是利用它们的关系解释生活中的现象。］

【专题知识点聚焦】

流体压强与流速的关系：在气体和液体中，流速越大的位置压强_____。

（三）反思梳理

对于各个知识点，采取边复习边练习，以题带点，各个击破。

（四）训练反馈

（1）小明学过了压强后，决定测算自己双脚站立时对地面的压强。他首先测出自己的质量为 56 kg，然后站在方格纸上并描出自己站立时一只脚的鞋印，如图 17 所示。已知方格纸每小格的面积是 5 cm²，据此可算出这只鞋印的面积约为_____cm²（计数时凡大于半格、不满一格的都算一格，小于半格的都不算），最后算出双脚站立时对地面的压强为_____Pa。（g 取 10 N/kg）

（2）在生活中，我们有时因为生病而需要打针输液。图 18 为输液示意图，药瓶瓶口插有两根管子，其中 C 管的作用是利用_____使药液从 A 管中顺利流出；针头的表面做得非常光滑，这是为了

_____以减轻病人的痛苦。若要提高输液速度，除了调节调节器外，还有一个简便的方法就是_____。

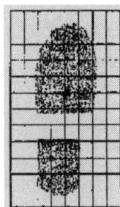

图 17　方格纸上的脚印

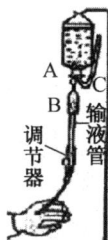

图 18　输液示意图

（3）有些跑车在车尾安装了一种"气流偏导器"，如图 19 所示。由于"气流偏导器"上表面平直，下表面呈弧形凸起，当跑车高速行驶时，流过它上方的空气速度比下方空气速度_____（选填"大"或"小"），此时，上方空气压强比下方空气压强_____（选填"大"或"小"），这样，"气流偏导器"受到一个向_____（选填"上"或"下"）的压力差，从而使车轮抓紧地面。

（4）在水平桌面上放置一个空玻璃杯，它的底面积为 0.01 m²，它对桌面的压强为 200 Pa。

① 求玻璃杯的重力大小。

② 在玻璃杯中装入 1 kg 水后，水对杯底的压强为 900 Pa，求水的深度；通过计算推测出玻璃杯的大致形状是图 20 中的哪一种？（取 g = 10 N/kg，杯壁的厚度可忽略）

图 19　气流偏导器示意图

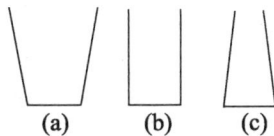

图 20　不同形状的玻璃杯

六、板书设计

第九章　压强复习

【专题一】"压力"与"重力"的区别：压力不是重力

【专题二】对压强的理解与应用

【专题三】液体压强 {
探究一：液体压强的特点
探究二：如何比较液体压强的大小
探究三：比较计算液体对容器底的压力和压强与
　　　　容器对水平支持面的压力和压强的方法
探究四：连通器的结构和原理
}

【专题四】大气压强

【专题五】流体压强与流速的关系

七、教学反思

（1）关于课时的安排问题：本单元是中考的重点和难点，所以基础内容的复习安排了2课时。

（2）教学程序设计的是利用实验器材先设计实验，利用实验贯穿整个复习专题，以题带点，层层递进。

（3）在课堂教学中，学生的回答、板演出了问题，教师不要急于点拨矫正，可以让其他的学生继续分析（谁能给他帮帮忙，谁能看出他的过程有什么错误），既体现了以学生为主体，同时又为教师的思考赢得了时间，或者教师在学生讲评的基础上给予继续讲评。

（4）学生并进式探究实验，在探究之后可以让学生叙述实验的思路、器材、步骤、现象、结论等，当然要根据具体情况具体分析。

（5）利用远程研修学习的思维导图布置学生进行课前知识梳理，便于提高课堂复习效果，并且在每个专题复习后面，设置了专题知识点梳理，便于强化每个专题，及时落实所复习的内容。

58．单元复习课设计：电流和电路（第15章）

一、复习目标

（1）知道摩擦起电现象，了解同种电荷相互排斥、异种电荷相互吸引。

（2）复习巩固电路的组成及各组成部分的作用，从能量转化的角度认识电源和用电器的作用。

（3）知道电流，会看、会画简单的电路图。会连接和识别及设计串联电路和并联电路。说出生产、生活中采用简单串联或并联电路的实例。了解串、并联电路电流的特点。

（4）会使用电流表。能利用电流表探究串、并联电路的电流规律。

（5）通过学生自学、讨论全章内容，培养学生主动参与，与同学团结合作的意识。

二、复习重点和难点

重点：① 电路图的画法、实物图连接的教学方法；② 串、并联电路的电流规律。

难点：① 识别串联电路和并联电路的一般方法。② 如何画电路图和连接实物图。③ 如何识别电路，并利用串、并联电路的电流规律进行简单的计算。

三、教学准备

电池、导线、开关、小灯泡、电流表、投影仪、多媒体课件和学生导学案。

四、前置准备

利用多媒体展示本章思维导图（见图1）。

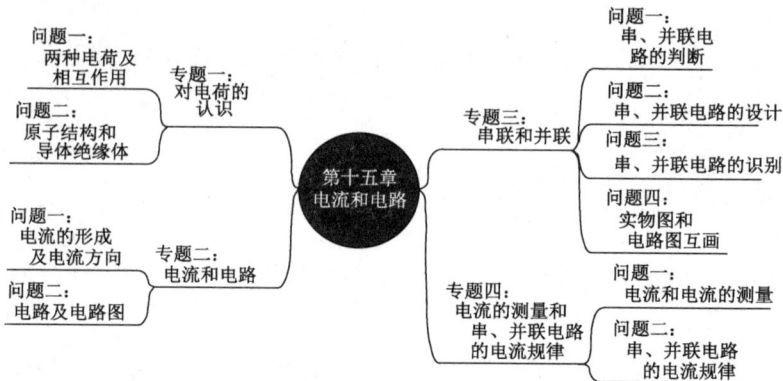

图1 《电流和电路》知识结构思维导图

五、复习过程

（一）创设情境、引入复习

教师拿出一些器材：丝绸、毛皮、玻璃棒、橡胶棒、铁架台、塑料捆扎线、塑料梳子、纸屑、验电器、金属棒、木棒、小灯泡、干电池、开关、导线、电流表等。

【提出问题】利用这些器材我们可以完成哪些实验？

引导学生思考、设计、回答，从而引出复习的内容——电流和电路。

[设计意图：通过学生动手设计实验，在实验设计中，回顾电流和电路这一单元的几个重要实验，后面的几个专题复习就是围绕这些实验而展开的，激发学生的复习兴趣和热情。]

1. 专题一：对电荷的认识

【知识点聚焦】

① 物体有了_____的性质，我们就说物体带了电荷。

② 把用丝绸摩擦过的玻璃棒带的电荷叫_____电荷，电子从_____转移到_____。把用毛皮摩擦过的橡胶棒带的电荷叫_____电荷，电子从_____转移到_____。

③ 同种电荷相互_____，异种电荷相互_____。

④ 验电器的用途：用来检验物体_____；从验电器张角的大小，可以粗略地判断带电体所带电荷的多少；它的原理为_____。

⑤ 电荷的_____叫电荷量，单位：库仑（C），简称"库"。

⑥_____的物体叫导体，_____的物体叫绝缘体，导体和绝缘体在一定条件下可以_____。

【实验设计】同学们利用丝绸、毛皮、玻璃棒、橡胶棒、铁架台、塑料梳子、碎纸屑等可以完成下列实验，下列实验说明了哪些物理问题？引出专题一的复习。

图2的实验说明_____。

图3的实验说明_____。

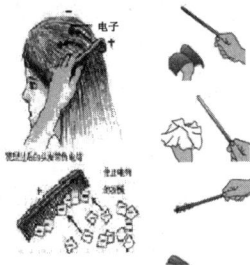

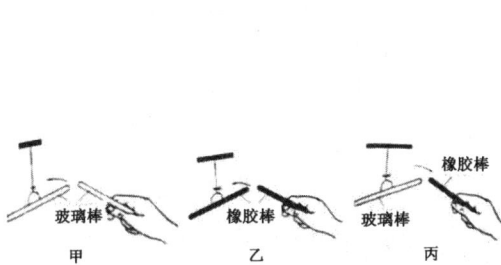

图2　摩擦起电　　　　图3　电荷间的相互作用

【专题练习】

问题一：两种电荷及相互作用

（1）下列现象中，不能用摩擦起电知识解释的是（　　）。

A. 高大建筑物上要安装避雷针　　B. 油罐车尾部常拖一条铁链

C. 钢丝钳子手柄上装有绝缘套　　D. 电视屏幕会吸附灰尘

（2）图4所示的仪器叫_____，用带电体接触它的金属球，就有一部分电荷转移到两金属箔片上，两箔片就张开，则两箔片上带的是_____（填"同种"或"异种"）电荷。

图4　验电器

（3）用细线悬挂着A、B、C三个小球，将任意两个小球靠近时都能相互吸引，则（　　）。

A. 只有一个带电荷

B. 肯定有一个不带电，另外两个带异种电荷

C. 肯定有一个不带电，另外两个带同种电荷

D. 三个都带电荷

（4）与丝绸摩擦过的玻璃棒带正电荷，这说明（　　）。

A. 玻璃棒的原子核束缚电子的本领强于丝绸的原子核束缚电子的本领

B. 玻璃棒的原子核束缚电子的本领等于丝绸的原子核束缚电子的本领

C. 玻璃棒的原子核束缚电子的本领弱于丝绸的原子核束缚电子的本领

D. 以上说法都不对

［设计意图：第（1）题考查摩擦起电现象；第（2）题考查对验电器用途、原理及其使用特点的了解，要牢记；第（3）题考查了学生对电荷之间作用规律的了解与掌握；第（4）题考查摩擦起电的原因和实质，不同物质的原子核对核外电子束缚能力不同，在摩擦的过程中，原子核对电子的束缚能力强的夺得电子，而使自己带上负电，束缚能力弱的失去电子而带上正电。摩擦起电并不是创造了电荷，而是使电子发生了转移。］

问题二：原子结构和导体绝缘体

展示图片（见图5），你能说出它们有什么相似之处吗？

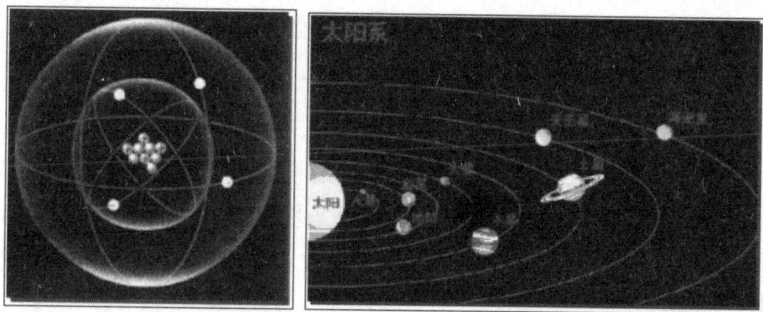

图5 原子结构和太阳系

［设计意图：通过原子结构和太阳系结构的对比，更清晰地认识原子的结构。］

【专题练习】

（1）在物理学中，原子、原子核及其更深层次的客体统称为微观粒子，以下微观粒子按空间尺度由小到大排序正确的是（　　）。

A. 原子　原子核　质子　夸克　　B. 夸克　质子　原子核　原子

C. 夸克　原子核　质子　原子　　D. 原子核　质子　夸克　原子

（2）下面关于导体与绝缘体的说法中正确的是（　　）。

A. 绝缘体既不能导电也不能带电

B. 金属容易导电是因为内部有大量的自由电子

C. 导体内的电荷都会发生移动，所以导体能够导电

D. 绝缘体不容易导电是因为绝缘体内没有电荷

（3）高压输电网中的铁架与导线之间必须用绝缘材料连接（见图6），由于长期暴露在室外，要求这种材料的性质相当稳定，下列最适合用作这种材料的是（　　）。

A. 铝合金　　B. 橡胶

C. 干木材　　D. 陶瓷

图6　高压输电线的绝缘材料

（4）物理学成果在军事上有广泛的应用，有一种称为石墨炸弹的武器在战时被用来破坏敌方的供电设施，这种炸弹不会造成人员伤亡，而是在空中散布大量极细的石墨丝，这些石墨丝是_____（选填"导体"或"绝缘体"）；飘落到供电设备上会造成_____。

[设计意图：第（1）题考查原子结构，第（2）、（3）、（4）题考查对导体和绝缘体的认识和它们在生活中的应用。]

2. 专题二：电流和电路

【知识点聚焦】

（1）_____形成电流；_____和_____定向移动都可以形成电流。

（2）规定：_____定向移动的方向为电流的方向（负电荷定向移动的方向与电流方向_____，尤其注意电子是负电荷，电子的移动方向与电流方向_____）。

（3）在电源外部，电流的方向从电源的_____极流向用电器，再回到_____极。

（4）二极管是_____体，具有_____性，即电流只能从它的一端流向另一端，不能反向流动。

（5）电路：用导线将_____、_____、_____连接起来就组成了电路。

（6）通路：_____的电路；开路（断路）：某处_____的电路；短路：不经过用电器用导线直接将电源的正负极连接起来的电路。

（7）得到持续电流的条件：①_____；② 电路必须是_____路。

（8）用_____表示电路连接的图叫电路图。

（画电路图时要注意：整个电路图是长方形；导线要横平竖直；元件不能画在拐角处。）

【实验设计】同学们利用电源、灯泡、二极管、开关、导线等连接图7、图8和图9所示的电路。

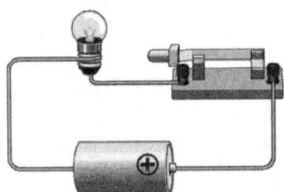 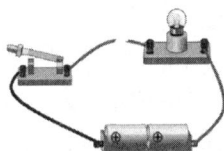 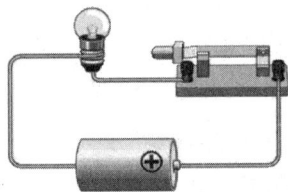

图7　通路　　　　　　图8　断路　　　　　　图9　短路

从中发现，图7、图8、图9分别表示了三种不同的电路状态，它们分别是什么？图7表明一个完整的电路由哪些部分组成？要想电路中有持续的电流，需要满足哪些条件？电流方向如何在图中标出？电路中的常见故障有哪些？如何画出图7的电路图？从而引出专题二的复习。

问题一：电流及电流的方向

（1）关于电流，下列说法正确的是（　　　）。

A. 只有正电荷的定向移动才能形成电流

B. 把正电荷定向移动的方向规定为电流的方向

C. 把负电荷定向移动的方向规定为电流的方向

D. 金属导体导电的时候，导体中电荷的移动方向和电流方向相同

（2）夏天是雷电高发季节，为避免高大建筑物遭受雷电的破坏，常在建筑物的顶端安装避雷针，并用粗金属线与大地相连。当一大片带负电的云接近建筑物时，云层中的负电荷通过避雷针经金属线导入大地，则此时金属线中的电流方向是从_____流向_____（选填"云层"或"大地"）。

[设计意图：第（1）题考查电流的形成及电流方向的规定，定向移

动的电荷可以是正电荷，可以是负电荷，可以是正负电荷向相反方向定向移动，都能形成电流，同时把正电荷定向移动的方向规定为电流的方向，金属导体里面，定向移动的为带负电的自由电子，电子的定向移动方向与电流方向相反。在第（1）题的基础上，第（2）题就是对电流的形成以及电流方向的规定的应用。]

问题二：电路及电路图

（1）如图10所示是常用手电筒的剖面图，请观察它的结构，回答下列问题：

① 手电筒由金属外壳构成，干电池是电路中的_____，小灯泡是电路中的_____，按钮是电路中的_____，外壳是电路中的_____。

② 在野营时，若灯不亮了，其原因可能为_____或_____。

图10　手电筒剖面图　　　　**图11　实物连接图**

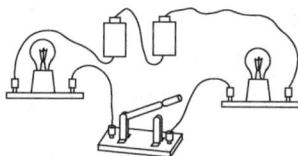

（2）有一本关于用电常识的书中，列举了白炽电灯（即普通家用白炽灯）的常见故障及检修方法，其中一项故障见表1。从电路的组成来看，上述原因可以概括为（　　）。

A. 开路　　B. 通路　　C. 短路　　D. 电路由串联变成并联

表1　电路故障判断

故障现象	可能原因	检修方法
灯泡不亮	灯泡的灯丝断了	换新灯泡
	灯头内的电线断了	换新线并接好灯头、开关等处
	线松动造成	检查加固

（3）根据实物图（见图11）画出对应的电路图。

[设计意图：第（1）题考查电路的组成、根据实物图画电路图以及分析电路故障，关键是分析出实物图的电路连接情况。第（2）题是考查电路故障，解决此类问题要结合电路的三种状态进行分析解答。第

（3）题是考查根据实物图画出简单的电路图。］

3．专题三：串联和并联

【知识点聚焦】

（1）把电路元件＿＿＿＿＿＿连接起来的电路叫串联电路。其特点为：① 电流有＿＿＿＿条路径；② 各用电器＿＿＿＿＿＿影响；③ 开关控制＿＿＿＿＿＿电路。

（2）把电路元件＿＿＿＿＿＿＿起来的电路叫并联电路。其特点为：① 电流有＿＿＿＿条路径；② 各用电器＿＿＿＿＿影响，一条支路开路时，其他支路仍可为通路；③ 干路中的开关控制＿＿＿＿＿＿电路，支路中的开关控制＿＿＿＿＿＿的用电器。

（3）串、并联电路的识别：① 查电流＿＿＿＿＿法；② ＿＿＿＿＿法：串联电路各用电器之间相互影响，并联电路各用电器之间互不影响。

【实验设计】 利用电源、灯泡、开关、导线等连接串、并联电路，画出它们的电路图，并回忆串、并联电路的特点。

【方法指导】 根据实物图（见图12）画电路图，其中并联电路的画法是难点：先分析电路，若是并联电路，在实物图中标出分流点和汇流点，分清各元件在支路上还是在干路上，然后再画出对应的电路图。

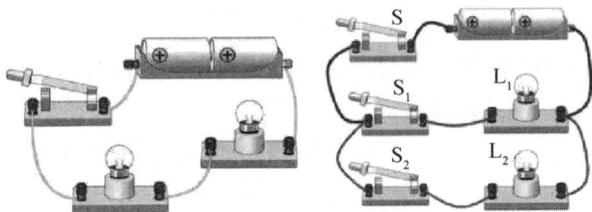

图 12　串联电路和并联电路

【专题练习】

问题一：串、并联电路的判断

（1）如图 13 所示的四个电路图中，各开关都闭合后，灯泡 L_1 与 L_2 串联的是（　　）。

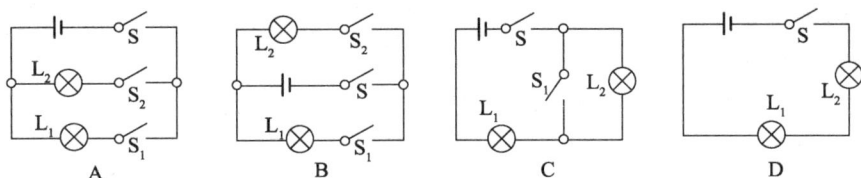

图 13　电路图

（2）在如图 14 所示的电路中，开关闭合后，两个灯泡是并联的是
（　　）。

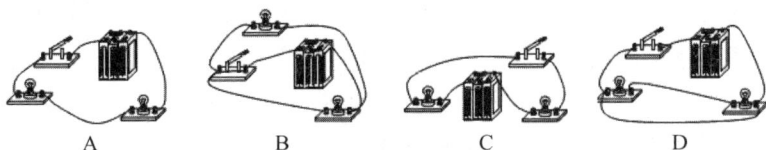

图 14　实物连接图

（3）如图 15 所示，在桌面上有两个小灯泡和一个开关，它的连接电路在桌面下，无法看到，小明同学试了一下，闭合开关时，两灯泡都亮，断开时，两灯泡都熄灭，这究竟是串联还是并联，请提出一个可行的判断方法。

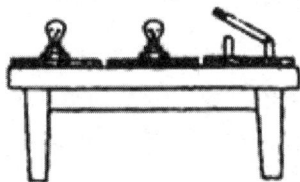

图 15　串、并联电路的判断

（4）下面是小华同学对身边的一些电路进行观察分析后做出的判断，其中不正确的是（　　）。

A. 厨房中的抽油烟机里装有照明灯和电动机，它们既能同时工作又能单独工作，它们是并联的

B. 马路两旁的路灯，晚上同时亮早晨同时灭，它们是串联的

C. 楼道中的电灯是由声控开关和光控开关共同控制的，只有在天暗并且有声音时才能亮，所以声控开关、光控开关及灯是串联的

D. 一般家庭中都要安装照明灯和其他用电器，使用时互不影响，

它们是并联的

[设计意图：第（1）、（2）题是利用查电流路径的方法判断串、并联电路；第（3）、（4）题是利用现象法判断串、并联，即各元件互相影响，还是互不影响。对路灯串、并联的判断属于典型题目，不能根据路灯同时亮同时灭，错误地判断成路灯属于串联，而忽视了干路开关可以控制所有用电器的作用。家用电器必须能独立工作，互不影响，因此也是并联的。]

问题二：串、并联电路的设计

（1）如图16是医院病房与护士值班室的电路示意图。病人需要护理时，只要按床边的按钮开关就能及时通知护士。1号床的病人按下开关S_1，护士值班室的灯L_1亮；2号床的病人按下开关S_2，护士值班室的灯L_2亮。下列电路图符合要求的是（　　）。

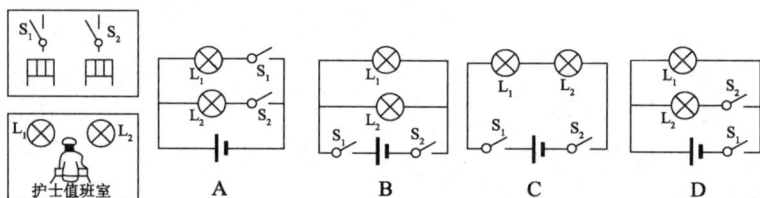

图16　医院病房与护士值班室的电路示意图

（2）教室里投影仪的光源是强光灯泡，发光时必须用风扇给予降温。为了保证灯泡不被烧坏，要求带动风扇的电动机启动后，灯泡才能发光；风扇不转，灯泡不能发光。则下列四个电路图（见图17）中符合要求的是（　　）。

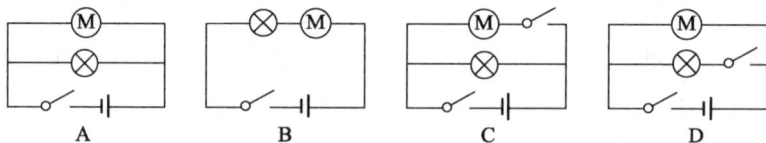

图17　投影仪的电路图

（3）进出资料馆的门有下列要求：甲、乙两资料员必须同时用各自的钥匙（$S_甲$、$S_乙$分别表示甲、乙两资料员钥匙）使灯亮才能进入；而馆长只要用自己钥匙（$S_{馆长}$表示馆长钥匙）使灯亮就可以进入。下列电路（见图18）中符合上述要求的是（　　）。

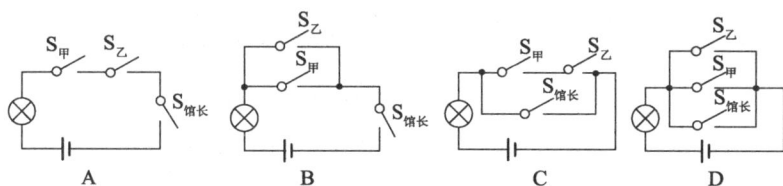

图18　资料馆的控制电路图

[设计意图：第（1）、（2）题考查串、并联电路的设计，串、并联电路的辨别；第（3）题根据串、并联电路的特点，判断甲、乙两资料员开关之间的关系和馆长开关的关系，甲、乙两资料员必须同时用各自的钥匙使灯亮才能进入保密室，说明两者不能独立工作、相互影响，此两开关为串联；馆长只要用自己的钥匙使灯亮就可以进入保密室，说明馆长的钥匙开关与甲、乙资料员钥匙开关并联，且灯泡位于干路。]

问题三：串、并联电路的电路识别

（1）图19中开关S始终闭合，要使小灯泡 L_1、L_2 串联，必须闭合开关_____，要使 L_1、L_2 并联，必须闭合开关_____。若闭合开关_____，则将造成电路短路。

（2）图20所示电路中，① 要使 L_1、L_2 并联在电路中，且开关S只控制 L_1，则导线 CD 的 D 端应接在_____处；② 要使 L_1、L_2 并联在电路中，且开关同时控制两盏灯，则 D 端应接在_____处；③ 拆去导线_____，使导线 CD 的 D 端接到_____处，L_1、L_2 可以串联在电路里。

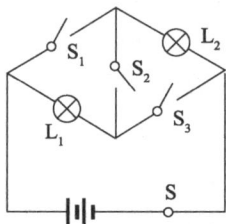

图19　电路图中串、并联电路的识别　　**图20　实物图中串、并联电路的连接**

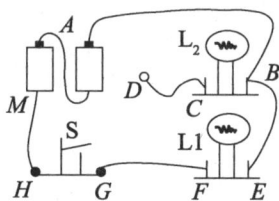

[设计意图：第（1）题要使两灯泡串联或并联，利用查电流的方法即可，解决此类电路问题的关键是根据串联和并联电路的特点，结合题意选择合适的开关组成符合题意的电路图。同理，第（2）题中，① H（M）；② G（F）；③ AB；A（或 BE；E）。]

4. 专题四：电流的测量和串、并联电路的电流规律

【知识点聚焦】

（1）电流：表示 _____ 的物理量，符号为 _____；单位为 _____（国际单位），还有毫安（mA）、微安（μA）。

（2）电流的测量：用电流表，符号_____。

电流表的使用：

① 先要三"看清"：看清 _____、_____，指针是否指在 _____上，正负接线柱。

② 电流表必须和被测用电器_____联（电流表相当于一根导线）。

③ 电流从电流表的_____接线柱流入，从_____接线柱流出；若接反了，指针会反向偏转，损坏电流表。

④ 选择_____的量程（如不知道量程，应该选较大的量程，并进行_____）。

⑤ _____在任何情况下使电流表直接连到电源的两极。

（3）串联电路中电流_____；_____；$I_A = I_B = I_C$。

（4）并联电路中干路电流等于_____；_____；$I_C = I_A + I_B$。

【实验设计】利用电源、开关、灯泡、导线等设计串、并联电路，练习使用电流表探究串、并联电路的电流规律。

问题一：电流和电流的测量

（1）某用电器正常工作时，通过的电流约为 5 A，该用电器可能是（   ）。

A. 电视机　　B. 白炽灯　　C. 洗衣机　　D. 空调

（2）现在要用电流表来测量电灯 A 中的电流，下列（见图 21）接法正确的是（   ）。

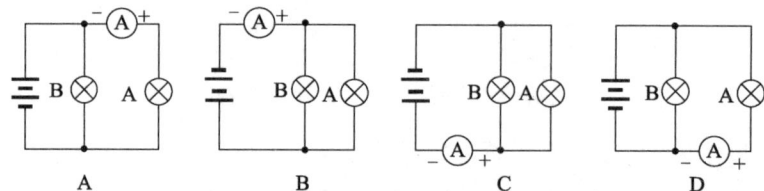

图 21　电流表的连接

（3）图 22 电流表的示数分别为：甲图_____，乙图_____。

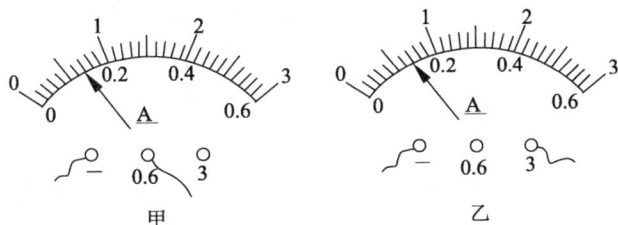

图 22　电流表的读数

（4）甲、乙、丙三位同学在探究"电流表的使用"实验中，闭合开关前，他们的电流表指针均指在零刻度处。当闭合开关试触时，发现电流表指针的摆动分别出现了如图 23 甲、乙、丙所示的三种情况。请分析他们在电流表的使用上分别存在什么问题，并写在下面的横线上。

甲同学的问题：＿＿＿＿＿＿＿＿＿＿＿＿＿＿＿＿＿＿；

乙同学的问题：＿＿＿＿＿＿＿＿＿＿＿＿＿＿＿＿＿＿；

丙同学的问题：＿＿＿＿＿＿＿＿＿＿＿＿＿＿＿＿＿＿。

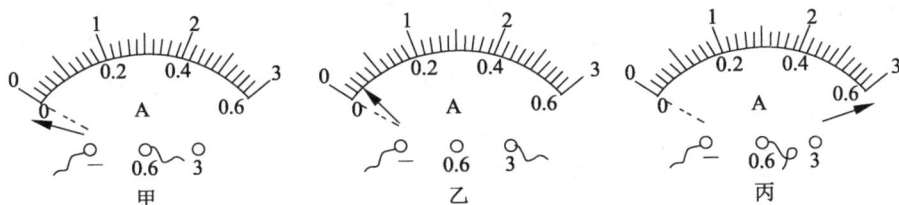

图 23　电流表使用故障的判断

［设计意图：第（1）题考查对生活中电流的认识；第（2）题考查电流表的连接方法，电流表的正确使用是电学基本技能之一，要求学生掌握；第（3）题考查电流表的读数；第（4）题考查了实验的注意事项和电流表的正确使用，甲图中的指针反转，说明正负接线柱接反了；乙图中的指针偏转角度太小，说明量程太大了；丙图中的指针偏转角度太大，说明量程太小了。］

问题二：串、并联电路的电流规律

（1）两个小灯泡串联后接入同一电路中，两灯亮度不同，甲灯比乙灯更亮，如果通过甲灯的电流是 0.4 A，那么通过乙灯的电流将（　　）。

A．大于 0.4 A　　　　　　B．小于 0.4 A

C．等于 0.4 A　　　　　　D．无法确定

（2）某同学在做"用电流表测量电流"的实验中所用的电路如图24 中甲图所示，他按电路图正确连接电路并接通开关 S 后，电流表 A_1、A_2 的指针位置如图 24 乙所示，关于电流表 A_1 的示数和电流表 A_2 的示数，以下说法正确的是（   ）。

A. 电流表 A_1 的示数为 0.5 A   B. 电流表 A_1 的示数为 2.5 A

C. 电流表 A_2 的示数为 0.3 A   D. 条件不足，无法确定

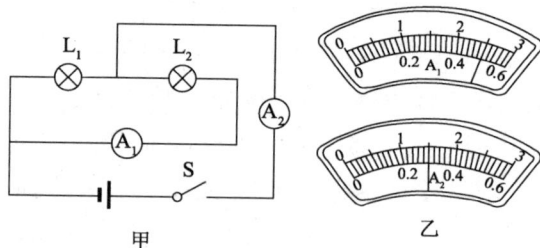

图 24　电流表测电流

（3）瑞瑞同学在"探究并联电路电流的规律"实验中，提出了以下猜想：① 并联电路中各用电器中的电流相等；②总电流等于各支路的电流之和。（瑞瑞同学准备了两只相同的灯泡 L_1、L_2 和其他实验器材。）

【进行实验】

① 按如图 25 所示的电路图连接电路。

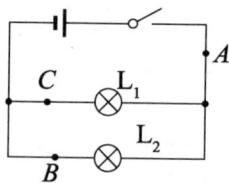

图 25　探究并联电路的电流规律

② 闭合开关，用电流表分别测出通过 A、B、C 三点的电流，并记录在表 1 中。

表 1

通过 A 点的电流	通过 B 点的电流	通过 C 点的电流
1.2 A	0.6 A	0.6 A

【分析与论证】

① 在物理学中，并联电路电流的规律：_____。

② 分析瑞瑞的实验数据得出的结论与他的猜想_____（填"相符"或"不相符"）。

【评估】

这个实验的不足之处：①_____；

②_____。

[设计意图：第（1）题考查串联电路的电流特点。第（2）题考查并联电路的电流规律，这类问题首先要进行电路的识别，搞清电路的连接方式，搞清电流表测量谁的电流，同时要找出题目中的隐含条件，两只电流表的量程。第（3）题主要考查串、并联电路的电流实验评价：① 只根据一次测量就得出结论，不具有普遍性；② 用同一规格的灯泡进行实验，结论具有片面性。]

【训练反馈】

（1）用塑料梳子在干燥的头发上梳几下，梳子上会带电，经检验梳子带的是负电荷。下列说法中正确的是（　　）。

A. 梳子得到了一些电子　　　B. 梳子失去了一些电子

C. 梳子失去了一些原子核　　　D. 摩擦创造了电荷

（2）用丝绸摩擦过的玻璃棒带_____电，是因为玻璃棒在摩擦过程中_____（填"得到"或"失去"）电子，若把玻璃棒和不带电的验电器金属球接触，发现验电器的金属箔片会张开，金属箔片张开的原因是_____。

（3）二极管是电子电路的重要元件，当电流从它的 A 端流入时，二极管的电阻很小，可视为二极管短路；当电流从它的 B 端流入时，二极管的电阻很大，可视为二极管断路。

① 如图 26 所示，灯 L_1、L_2 的连接方式是_____（选填"串联"或"并联"）。

② 当开关 S 闭合后，L_2_____（选填"亮"或"不亮"）。

（4）如图 27a 所示，把玻璃珠接入电路中，闭合开关，发现小灯泡不发光，说明_____；现给玻璃珠加热，如图 27b 所示，当玻璃珠加热到红炽状态时，发现小灯泡发光，说明_____。

（5）如图28所示，在电路中要使电灯 L_1 和 L_2 并联，应闭合开关_____。为了防止电路出现短路，不能同时闭合开关_____。

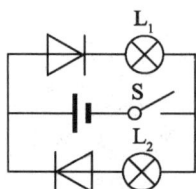

图26　二极管的使用　　**图27　导体和绝缘体**　　**图28　电路识别**

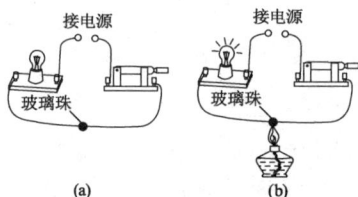

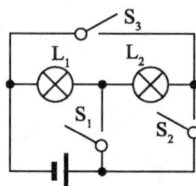

（6）犯罪分子在公共场所安装了定时炸弹，其引爆装置如图29所示，起爆前定时开关S是闭合的，当设定起爆时间一到，定时开关S会自动断开。为使引爆装置停止工作，拆弹专家应在图中_____（填"a"或"b"）处剪断导线。拆除前起爆器上_____（填"有"或"没有"）电流通过。

（7）对照电路图（见图30），用笔画线代替导线画实物连线图（见图31）。

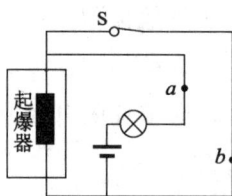

图29　定时爆破装置图　　**图30　测电流的电路图**　　**图31　测电流的实物连接图**

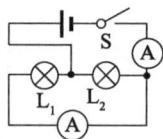

（8）在用"电流表测电流"的实验中，小红同学连接的电路如图32所示：

① 闭合开关，观察灯泡 L_1、L_2 的发光情况是_____；两电表 A_1、A_2 的指针偏转情况是_____。

② 请在图32上适当改动导线的连接，使电流表 A_1、A_2 分别测量 L_1、L_2 支路的电流。（要求：在需改动的导线上打"×"，用笔将改动后的导线画出来，导线不能交叉，改动尽可能少。）

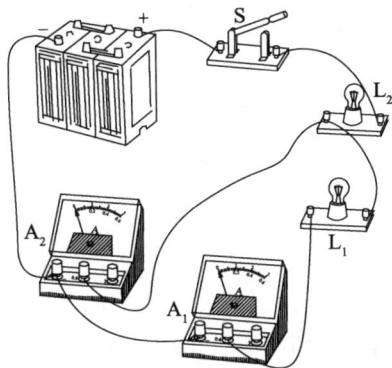

图 32　用电流表测电流

六、板书设计

1. 对电荷的认识 问题一：两种电荷及相互作用 问题二：原子结构和导体绝缘体 2. 电流和电路 问题一：电流及电流的方向 问题二：电路及电路图 3. 串联和并联 问题一：串、并联电路的判断	问题二：电路设计 问题三：电路识别 问题四：根据实物图画出电路图 　　　　根据电路图连接实物图 4. 电流的测量和串、并联电路的电流规律 问题一：电流和电流的测量 问题二：串、并联电路的电流规律

七、教学反思

（1）关于课时的安排问题：本单元是电学的基础，它的复习为后面的电学复习打下坚实的基础，所以本章内容的复习安排 2 课时。

（2）教学程序设计的是利用实验器材先设计实验，利用实验贯穿整个复习专题，以题带点，层层递进。

（3）在课堂教学中，学生的回答、板演出了问题，教师不要急于点拨矫正，可以让其他的学生继续分析（谁能给他帮帮忙，谁能看出他的过程有什么错误），既体现了学生的主体，同时又为教师的思考赢得时间，或者教师在学生讲评的基础上给予继续的讲评。

（4）利用远程研修学习的思维导图布置学生课前知识梳理，便于提高课堂复习效果，并且在每个专题后都事先设置了专题知识点梳理，便于强化每个专题，及时落实所复习的内容。

参考文献

［1］朱永新. 我的教育理想［M］. 北京：中国人民大学出版社，2012.

［2］Ｂ Ａ 苏霍姆林斯基. 给教师的建议（全一册）［M］. 2 版. 杜殿坤译. 北京：教育科学出版社，1984.

［3］沈毅，崔允漷. 课堂观察：走向专业的听评课［M］. 上海：华东师范大学出版社，2008.

［4］崔允漷，沈毅，吴江林. 课堂观察Ⅱ：走向专业的听评课［M］. 上海：华东师范大学出版社，2013.

［5］张菊荣，周建国. 教了不等于学会了：学校如何发展课程［M］. 上海：华东师范大学出版社，2017.

［6］李志刚. 课堂风暴. 南京：南京大学出版社，2011.

［7］李志刚. 高效课堂解码. 南京：南京大学出版社，2015.

［8］雷振海. 新教师：让中国教育因你而改变［M］. 济南：山东文艺出版社，2014.

［9］朱永通. 教育的细节［M］. 上海：华东师范大学出版社，2015.

附录 LICC 课堂观察工具量表设计

（一）LICC 课堂观察工具量表（Learning/ Instruction）

观察维度：学生学习·互动·自主·教师教学·指导

研究问题：学生参与分布图及教师行走路线图

听评课教师姓名：_____ 任教学科：_____

讲　　台

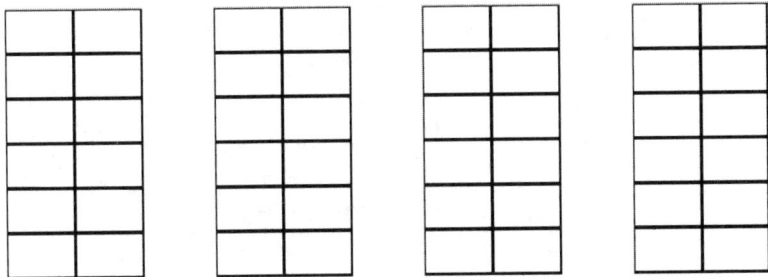

[设计意图：本表主要记录师生评价活动的整体情况。记录学生评价的次数；一个方框代表一个学生，"↑"代表教师，"↓"代表学生互相评价。评价一次，在其相应的位置上画相应符号，用"正"字记录。用符号"→"表示教师在教室里行走的路线图，从而正确反映出教师的顾及面，看教师设计的活动，是否能照顾到全体学生的评价，评价的形式是否多样化，继而观察学生参与的效果，即学生的反馈。由此记录，以帮助授课教师更好地修改其教学活动，达到更好的教学效果。]

（二）LICC 课堂观察工具量表（Instruction）

观察维度：教师教学·对话·指导

研究问题：教师对学生的错误的处理

听评课教师姓名：_____　　任教学科：_____

教师对学生的错误的处理			
学生回答的问题	学生回答问题的错误类型	教师的反应	教师的行为
类型选择	1. 知识性错误	1. 赞许（如虽然错误但有想法的情况）	1. 鼓励； 2. 引导
	2. 表达的错误（文字表述、图形等）	2. 接纳（微笑、偏肯定的语气）	3. 换其他同学回答
	3. 不合理的错误（甚至引起学生哄笑）	3. 中性（指令）	4. 教师自己指正
		4. 尴尬（不知如何应对）	5. 教师进行解释和说明
	4. 思考不全面	5. 气愤	6. 由学生评价
	5. 教师无法判断正误		7. 由同伴补充完善（合作学习时）
	6. 未把握问题的指向		8. 最终明确正确答案
			9. 忽视或视而不见

[设计意图：学生的学习过程是一个个问题生成的过程，也是一个个问题纠错的过程，教师对学生的错误的处理，能使教师有效掌控课堂教学的机制，使教学行为更有效和高效。量表中只需要从类型选择中选择序号进行记录。]

（三）LICC 课堂观察工具量表（Instruction）

观察维度：教师教学·机智·目光

研究问题：教师的教学行为是否面向全体学生

听评课教师姓名：＿＿＿＿＿＿　任教学科：＿＿＿＿＿＿

教学环节	教师教学行为	教师目光停留位置
预设情境导入		
学生自主学习		
小组互学		
教师导学		
微课助学		
达标检测		
教师目光停留的位置选择	1. 回答问题的学生	6. 教室的中间学生
	2. 黑板板演的学生	7. 教室后排学生
	3. 注意力不集中的学生（走神、做与学习任务无关的事、瞌睡）	8. 黑板、投影屏幕、电脑、学习资料
	4. 全班学生	
	5. 教室前排学生	9. 与学习无关的事物（天花板、窗外）

　　[设计意图：根据教学环节中教师行为的记录，及时记录教师目光关注度，从教师目光的停留位置，感受如何通过教师的目光面向全体学生。注：也可采用时间抽样的办法，每隔 5～6 s 观察者就观察感受教师目光停留的位置，并记在一个统计表中。]

（四）LICC 课堂观察工具量表（Instruction）

观察维度：亲和度

研究问题：师生之间愉快的情感沟通与智慧交流

维度	视角	评价等级（在相应等级下划√）				活动记录
		优	良	中	差	
教师形象	面部表情：是否轻松，面容是否和善，有没有真诚微笑？					
	目光注视：眼神里是否流露期待、赞赏与鼓励？有无嘲讽眼光？					
	肢体语言：从发型到着装是否得体？是否使用正确的肢体语言？					
掌控课堂	课堂节奏：教师是否在课堂中发挥聪明才智和主动性，使课堂千变万化。					
	师生互动：授课中学生质疑、解疑，教师是否耐心引导、讲解，并作适当点拨。					
	欣赏学生：是否在教学中及时鼓励、赞美学生？					
教育机制	教学设计有哪些调整？为什么？效果怎么样？					
	如何处理来自学生或情景的突发事件？效果怎么样？					
	能否因势利导，随机应变？					
观察点以外的亮点记录						

　　[设计意图：亲和度，"亲"即热爱之情，体现爱心、关心、支持、帮助；"和"即协调、和谐。古人云："亲其师，则信其道。"教师亲和力是指在课堂学习中教师通过其人格魅力以及信任、关心、爱护、帮助学生等带有感情倾向的行为感染学生、教育学生，让学生感受到亲切感和信赖感。]

（五）LICC 课堂观察工具量表（Learning）

观察维度：练习度

研究问题：学生课堂的练习情况

视角	观察点	情况记录
学生练习	练习的时机是否适当？	
	练习的方式有哪些？（口头问答/板书练习/作业本上练习/练习册）	
	练习题的知识点是否符合课堂教学目标？	
	练习题的难度如何？（简单/适中/稍难/较难）	
	练习题的题型有哪些？（选择/填空/计算/简答/综合性学习）	
	学生练习的知识面如何？（较窄/适中/较广）	
	练习是否突出教学重点？是否使学生巩固了所学知识？	
亮点	本节课是否存在亮点之处？	

[设计意图：课堂练习是教师了解学生学习情况，检查自己教学效果，及时调控教学的有效手段。具有巩固、强化、反馈、提升、发展等重要作用，对提高教学质量来说起着至关重要的作用。理想的课堂不在于它的有条不紊，不在于它的流畅顺达，而在于它是否真正地让孩子练习和实践，让学生在课堂上动脑、动手、动口，通过观察、模仿、体验，在互动中学习，在活动中学习。]

（六）LICC 课堂观察工具量表（Instruction）

观察维度：参与度

研究问题：学生学习·倾听·互动·自主·达成

观察点		详细情况记录
倾听	认真倾听老师讲课的学生有多少？ 专注度如何？ 有多少学生能倾听同学的发言？ 学困生听的情况如何？	
互动	倾听老师讲解时，学生是否积极回应老师？ 回应的形式有哪些？	口头回答□　及时做笔记□ 举手质疑□
自主	课堂上进行多长时间的自主学习？ 学生的自主学习专注度如何？ 学生的自主学习能否完成任务？	
达成	有没有相应的课堂练习？ 练习形式是什么？ 学生参与度和正确率如何？	
是否进行小组合作探究？次数？		是□　否□　次数：＿＿＿＿
小组内参与	1. 讨论时小组成员能不能全员参与？组长有没有起到引领作用？	
	2. 讨论时学生遇到困惑如何处理？	请教老师□　组内探讨□ 各自思考□　置之不理□
	3. 汇报答案时能否积极举手参与？	能□　否□
	4. 有无其他成员（本组或其他组成员）补充发言？	有□　无□
	5. 同学回答问题，教师点评时其他学生有没有认真倾听并做出反应？你所观察到的具体反应有什么？	
	6. 小组讨论整体氛围怎样？达成效果如何？	
观察点外的亮点记录		

[设计意图：理想的课堂，学生在教学过程中能做到全员参与、全程参与和有效参与。学生的参与是激发其思维的基本前提。在这个意义上，本表能帮助教师比较全面地反思学生课堂参与度，提高教学效率。]

（七）LICC 课堂观察工具量表（Instruction）

观察维度：延展度

研究问题：课堂教学延伸的深度与广度

维度	视角	情况记录			
	评价标准/延伸方式	对比式	相似式	联想式	启发式
纵向延展（深度）	与教学目标的契合度：是否紧扣教学目标？分别体现了哪一层面的教学目标？				
	难度：延伸内容是否基于学生已有的知识储备？难度是否适当？				
	教学进度：延伸内容是否遵循学生认知发展顺序？延伸内容是否能够承前启后？				
	兴趣出发：延伸内容是否以学生的兴趣为出发点？能否引起学生积极的思考和联想？				
横向延展（广度）	学科渗透：延伸内容与哪些学科有联系？联系的纽带是什么？				
	德育渗透：延伸内容体现了哪些德育内容？能否正确引导学生形成正确的价值观？				
作业布置	作业的布置是否既有深度又有广度？分别体现在哪些方面？				

　　[设计意图：延展度，即在知识整合的基础上向广度和深度发展，从课堂教学向社会生活延伸，我们要从教学实践中不断学习与探索，恰当地把握好课堂教学中拓展的度，从而使拓展时空成为课堂教学中的闪光点，使课堂活起来。]

（八）LICC课堂观察工具量表（Learning）

观察维度：课程性质

观察视角：整合度、参与度

研究问题：教师是否将新旧知识融会贯通；学生是否在"参与、探索"中获得新知

评价目标			评价要素	评价结果			
A	B	C		A	B	C	得分
教师	教学目标 10%	目标设定	1. 根据年级学情，制定出了具体、明确的知识目标。对知识的广度、深度把握合理。	7	5	4	
		目标的操作性	2. 发展目标基于知识目标且切实可行，同时渗透了情感、态度、价值观的培养。	3	2	1	
	教学内容 15%	情境创设	1. 充分依据教材知识，设计了具有生活化、趣味性、教学性于一体的教学情境。	5	4	3	
		学习资源处理	2. 选取的教材资源充分揭示了知识之间的内在联系，具有典型性。	3	2	1	
			3. 能利用课堂中的生成资源，形成有效的教学资源。	7	5	4	
	组织教学 25%	教学指导的有效度	1. 教学环节的设置体现循序渐进的原则，梯度合理，能向不同程度学生提供参与学习活动的机会。	5	4	3	
			2. 把学习的主动权交给了学生，动手实践、自主探究、合作交流成为主要学习形式。	7	6	5	
			3. 课堂约定有效，调控得当，具有一定的教学机制，引导得法，鼓励不同的解法和思路。	4	3	2	
		过程调控的有效度	4. 练习有针对性、开放性，容量恰当，及时反馈，能对教学进程中的情况进行灵活调整。	5	4	3	
			5. 恰当运用多媒体等不同形式的呈现方式。	4	3	2	

评价目标			评价要素	评价结果			
A	B	C		A	B	C	得分
学生	学习行为 30%	参与的广度	1. 学生学习积极主动，注意力集中，参与面广，有 90% 以上的学生主动参与教学中。	13	11	10	
		参与的深度	2. 学生思维活跃，回答问题思路清晰，能用数学语言进行正确表达，质疑问题，个性得到张扬。	5	4	3	
	学习效果 20%	目标达成度	3. 合作学习中，分工清楚，合作意识强，交流参与面 80% 以上，小组成员能共同完成学习任务。	10	8	6	
		发展目标达成度	1. 掌握了知识，答问、板演、练习正确率高。流程性检测正确率应在 80% 以上。能灵活运用知识解决问题。	15	12	9	
			2. 在学习过程中，表现出积极的态度、情感，培养了探索精神、创新意识。	5	4	3	

[设计意图：理想的课堂切忌过度的"分析主义"，学生的参与是激发其思维的基本前提。教师在教学过程中，要将新知识融于旧知识之中，使它们形成整体，并让学生去发现新知、去探究新知，在探究中获得新知。]

（九）LICC 课堂观察工具量表（Curriculum）
观察维度：课程性质·内容和实施·信息化教学手段
研究问题：教学难点与重点突破的策略——信息化技术

教学信息化与课程整合			
教学资源		教学内容/教学资源的使用	媒体使用
重点			
难点			
课程整合	课本材料		
	非课本材科		
教学时间分配	铺垫时间		
	教学时间		
	重难点教学时间		
	巩固消化时间		
教学重点的设计			
教学难点的突破			
思想方法			
达成度			

　　[设计意图：无论基础教育如何改革，学校教育的核心环节依然是课堂教学，如何才能实现课堂教学信息化和信息技术与学科课程的整合，针对我校全面开通了"液晶一体机"，充分运用网络资源实施课堂教学，使其成为教学的一种常态，把网络的运用同教学目标、教学过程紧密结合起来，以达到最佳的教学效果。]

（十）LICC 课堂观察工具量表（Learning）

观察维度：学生学习·互动·自主·达成

研究问题：小组合作学习学生参与的维度

观察点	观察记录
1. 小组划分的依据	A. 分层分组 B. 捆绑分组 C. 随意分组
2. 小组人数	
3. 小组讨论的组织形式；组与组之间有无分享	A. 有明确分工 B. 自由讨论能达成共识 C. 只有讨论形式
4. 讨论时小组学生积极参与的人数、组长作用大小	
5. 学生有哪些辅助行为（记笔记/查阅/回应）	
6. 讨论时学生遇到困惑如何处理（一对多、一对一、各自思考）	
7. 讨论后，教师问题或课件问题完成程度（是否人人过关）	
8. 汇报时能否积极参与以及参与人数；有无其他成员（本组或其他组成员）补充发言	
9. 汇报人发言质量（优、良、中、差）	
10. 小组讨论时间和次数	
总体性评价	

　　[设计意图：通过对小组合作学习学生参与度的观察记录，使小组合作学习的方式趋于多样化，学习的效果向有效性方向发展，使小组学习不流于形式，真正形成师生、生生之间的全方位、多层次、多角度的交流模式，同时通过小组合作学习，真正面向全体，减轻教师大班额下的作业批改、学生个别辅导的难度。]

（十一）网络课堂观察工具量表（Curriculum）

观察维度：信息化教学手段——学生学习——效果

研究问题：学生学习

	学生表现	课堂活动记录	评价记分
观察记录	1. 学习兴趣是否浓厚		
	2. 学习情绪是否高昂		
	3. 能否积极在平板上配合教师积极参与各项活动		
	4. 能否在学习中自觉从教师推荐的网络、资源库中自主选择，重组信息，形成自己的见解并表达自己的观点。		
	5. 对老师的态度（能否在课堂上跟随老师的思路，使用平板）		
	6. 合作学习中，能否与同学有效合作，提高小组 PK 的分数		

5 分制：5—优；4—良；3—中；2—差；1—特别差。

[设计意图：如何实现课堂教学信息化和信息技术与学科课程的整合，这是值得我们需探索的问题。我们需充分运用网络资源实施课堂教学，使其成为教学的一种常态，把网络的运用同教学目标、教学过程紧密结合起来，以达到最佳的教学效果。]

（十二）网络课堂观察工具量表（Curriculum）

观察维度：教师教学·呈现·对话·指导

研究问题：教师教学行为的有效性

视角		观察点举例	观察记录
教师教学	呈现	1. 讲解有哪些辅助行为	多媒体（板书）平板
		2. 平板使用是否适当	
		3. 平板练习形式是否利于学生主动参与	
	对话	1. 提问次数	
		2. 提问形式（平板抢答/平板随机/教师直接提问）	
		3. 回答方式（一问一答/一问全班答/生问生答/师追问生问/生成性提问）	
		4. 问题效果（优、良、中、差。标准：平板的使用能否激发学生兴趣，引起学生思考，学生回答正确率）	
	指导	1. 怎样指导学生自主学习（平板预习/平板发布作业/平板同屏课件）	
		2. 效果怎样	
		1. 怎样指导学生探究学习（平板发布的习题作业）	
		2. 效果怎样	

[设计意图：一节课的授课效果，重点要看学生学习的达成度，而影响学生达成度的主要因素就是教师的教学行为，教师通过平板的使用，引导学生、和学生互动、指导学生学习等，使教学行为更具有时效性，提高教学效果。]

（十三）网络课堂观察工具量表（Learning）

观察维度：参与度

观察视角：自主·倾听·达标

研究问题：学生学习

	学生表现	评价记录	活动备注
观察记录	1. 学生是否接受课前推送		
	2. 学生能否积极参与教学活动，学困生的参与情况怎样?		
	3. 学生是否时刻关注平板展示的内容		
	4. 学生能否在学习中自觉从教师在平板中展示的材料中自主选择、重组信息、能否"发现"规律，形成自己的见解并通过平板汇总到教师，有效表达自己的观点		
	5. 教师是否使用平板的随机提问、抢答等功能授课		
	6. 合作学习中，学生能否与同学有效合作，能否借助平板资源满足学习需要		
	7. 学习中，学生能否对老师和同学提出的观点大胆质疑，提出不同意见		
	8. 学习中，学生能否应用已经掌握的知识与技能解决新问题		
	9. 学习中，学生能否反思自己的学习行为，调整学习策略		

5 分制：优—5 分；良—4 分；好—3 分；一般—2 分；尚可—1 分。

［设计意图：课堂教学需要真正形成师生、生生之间的全方位、多层次、多角度的交流模式，力图使学生自己的输入成为主要的教学内容资源，并成为整个教育活动的中心。］